Balzac nu, dessiné par Gavarni :
Auteuil, le 30 avril 54.

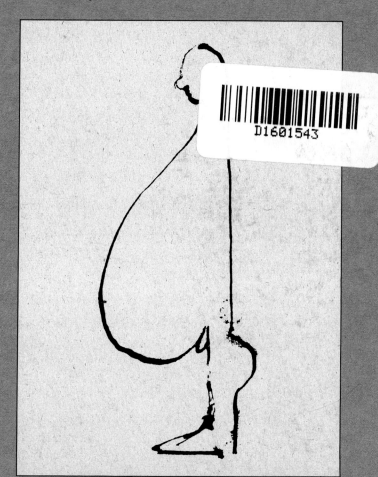

il l'appelle
[...] actuellement les
[...] et
[...]
de la vie

Mr. Bel

Entre deux

Le second étage [...] une des plus jolie
[...] par M. [...], chef de [...]
~~[...]~~
~~[...]~~
~~[...]~~ des prem
~~[...]~~ des cheveux qu'il [...] comme les ~~fa~~
~~noble~~ et donne une physionomie
un teint ~~[...]~~ blanche
maigre ou plutôt maigri comme
~~[...]~~
~~[...]~~ si ce portrait ~~[...]~~
la mise de l'homme complétait
il en portait et [...] une
[...] un gilet ~~[...]~~ croisé

pied

Femme Supérieure

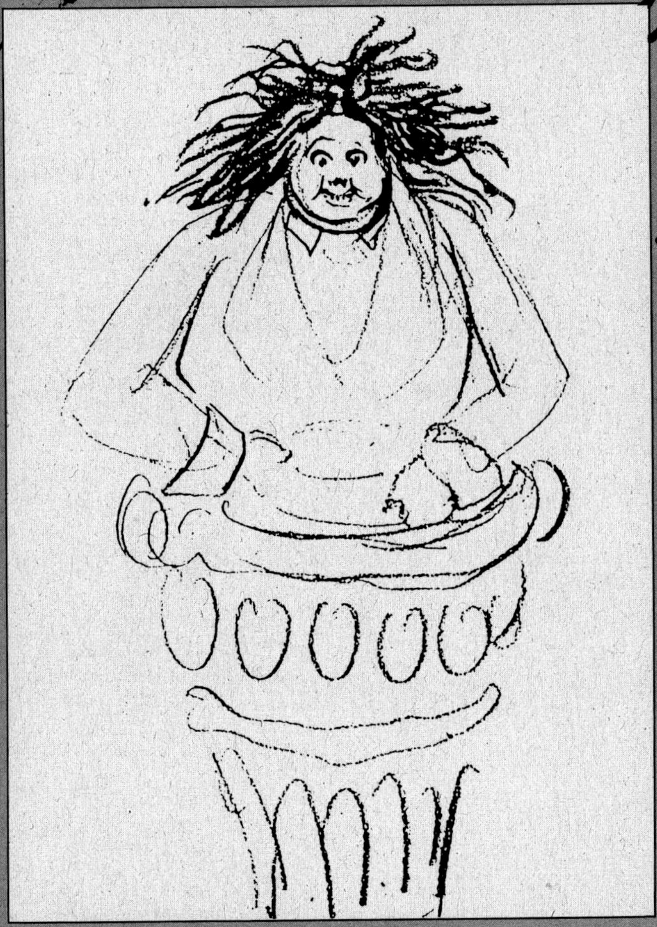

Ne touchez pas la hache

H. 1er

~~............~~ Sœur Thérèze

C'est une chose merveilleuse que de voir combien cet amour est cordial et véhément; combien de larmes il fait répandre; combien d'oraisons il coûte; quel soin on prend de recommander à Dieu la personne aimée; quel désir presse le cœur de la voir heureuse; combien de mécontentement et de peines on ressent si l'ayant trouvée en avant, on l'aperçoit après tournée en arrière; on est toujours dans la crainte que cette âme qu'on chérit tant, ne prenne un mauvais chemin, et que venant à se perdre, on en soit séparé pour un jamais; c'est comme j'ai dit un amour sans peu ni beaucoup de propre intérêt; tout ce qu'on veut, c'est de voir cette âme riche des dons du ciel..

(Sainte Thérèse, le chemin de la perfection, ch. VII trad. du R. P. Cyprien de la nativité de la vierge Carm. Déchaussé. 1651)

envoié a mettre en ...ille

```
1000 †
  300
  150
  300
  150
  350
  300
7900
11200
```

La Re...

de

L'abS...

750
750

...

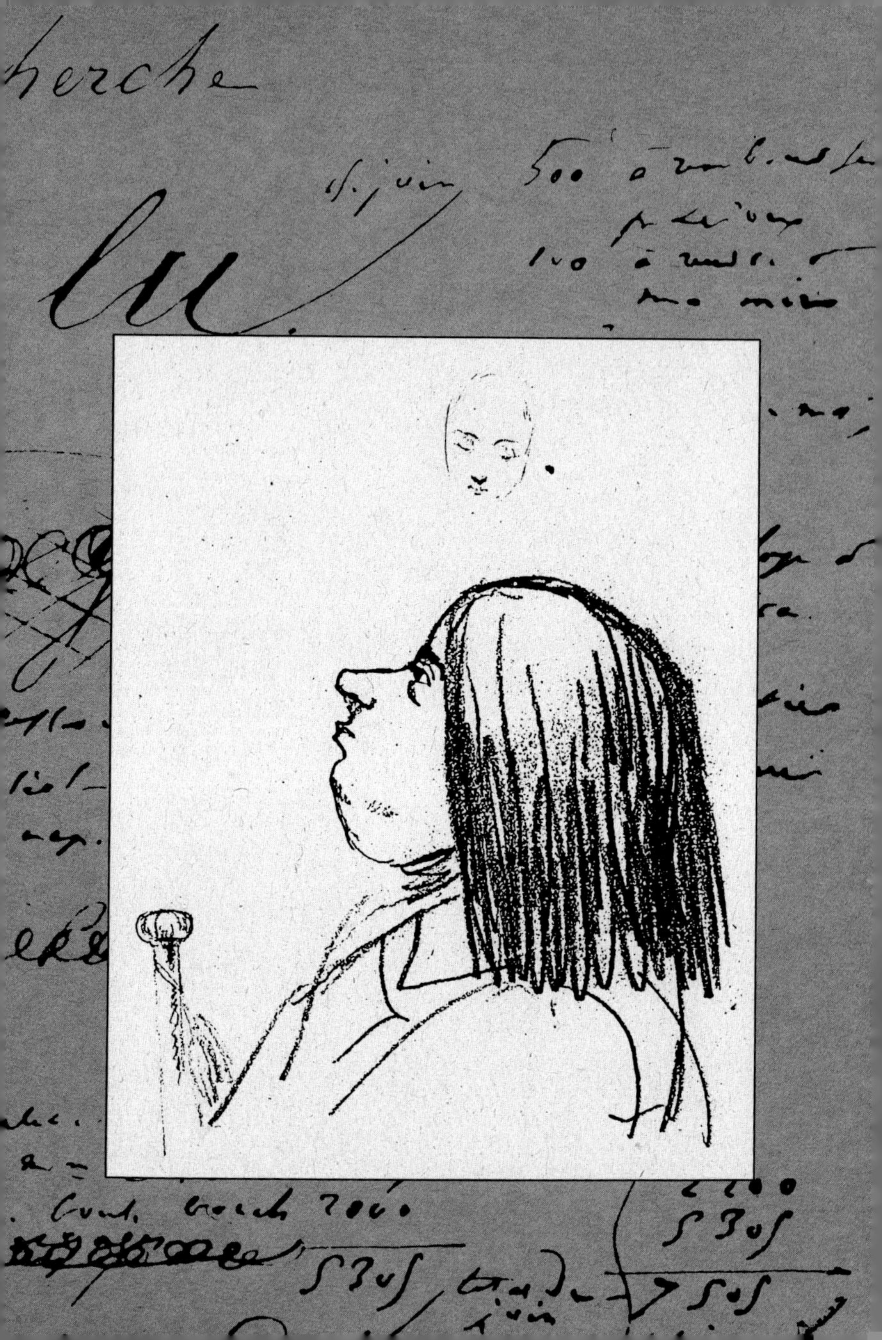

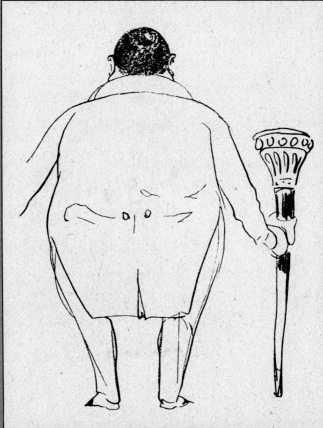

Médecin

cœur

Le

De Campagne !

...lessés, l'ombre et le silence ⸺ 4700

de Balzac.)

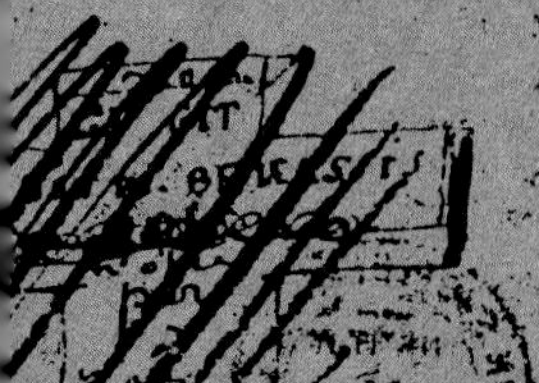

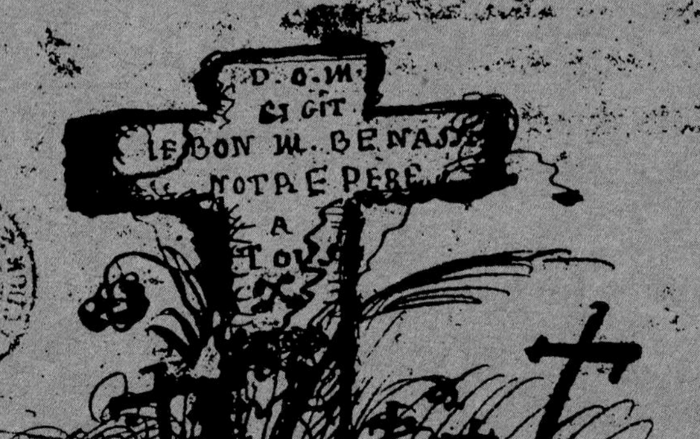

D.O.M
CI GIT
LE BON M. BENASS
NOTRE PERE
A
TOU

Paris

...aunay, ⸺⸺, rue Guénégaud.

⸺⸺ 1833.

M aître de
conférences de
littérature française
à l'Ecole normale.
supérieure de
Fontenay/Saint-Cloud,
Gérard Gengembre,
un jour d'octobre 1968,
reçut la grâce d'une
illumination : son
maître Pierre Barbéris
parlait de Balzac. S'il
a travaillé depuis sur
les théoriciens contre-
révolutionnaires,
sur Mme de Staël et
le groupe de Coppet,
si *Madame Bovary*
est pour lui un livre
fétiche, s'il prépare
avec Jean Goldzink
une *Histoire littéraire
de l'Empire*, son
imaginaire reste à
jamais peuplé par *La
Comédie Humaine*.

A Iris.

*Dépôt légal : septembre 1992
Numéro d'édition : 55063
ISBN : 2-07-053191-0
Imprimerie Kapp Lahure
Jombart, à Evreux*

BALZAC
LE NAPOLÉON DES LETTRES

Gérard Gengembre

DÉCOUVERTES GALLIMARD
LITTÉRATURE

Vers l'âge de trente ans, un écrivain doté d'une petite notoriété révèle au public qu'il ne s'appelle pas Honoré Balzac, mais Honoré de Balzac. Pour accréditer ce défi lancé au monde, il fait peindre le blason des Balzac d'Entragues sur la calèche qui l'emmène à Vienne. Cette particule usurpée sera sienne pour l'éternité. Il l'a conquise à la pointe de la plume.

CHAPITRE PREMIER
À LA CONQUÊTE DU NOM

Un intérieur d'artiste, une montre gravée aux armes usurpées : on pourrait voir ici la trajectoire imaginaire d'un romancier qui se rêve homme du monde. De sa pauvre mansarde aux prestigieux salons du faubourg Saint-Germain, Balzac accomplit un parcours exemplaire, qui sera celui de ses jeunes héros.

Né en 1746, issu d'une famille paysanne, Bernard-François Balzac – nom substitué vers 1776 à celui de Balssa – épouse Anne-Charlotte-Laure Sallambier. D'origine albigeoise, il a cinquante et un ans ; parisienne, elle en a dix-neuf. Monté à Paris à treize ans, ce franc-maçon consacre ainsi son entrée en bourgeoisie. Tandis que Bonaparte entreprend la conquête de l'Egypte, naît un premier enfant, vite disparu. Le 1er prairial an VII (20 mai 1799), alors qu'il mène une honorable carrière, le directeur des Vivres et Subsistances de la 22e division militaire sise à Tours a un fils, Honoré. Six mois plus tard, le 18 brumaire, le général Bonaparte prendra le pouvoir.

Aîné de 11 enfants, ayant traversé la Révolution, protégé du préfet, membre de la loge La Parfaite Union, adjoint au maire de Tours, Bernard-François Balzac épouse le 30 janvier 1797 Anne-Charlotte-Laure Sallambier (ici vers 1798). Honoré (ci-dessus) vient au monde dans un bel hôtel de Tours (ci-dessous), rue de l'Armée-d'Italie.

En 1800, année de Marengo, arrive Laure-Sophie.
En 1802 vient au monde Laurence. Enfin, en 1807,
Bernard-François, devenu de Balzac, nommé
administrateur de l'Hospice général de Tours, donne
son nom à Henri-François, dont il n'est peut-être pas
le père.

**«Caractère sanguin s'échauffant facilement» :
le 22 juin 1807, le collège
des Oratoriens de
Vendôme enregistre
l'inscription du petit Honoré**

De son père, l'enfant hérite la
vitalité et le «besoin d'inventer
des histoires»; de sa mère
quelque peu hystérique, «la
cause de tous les malheurs
de [s]a vie», il reçoit la
sensibilité. «Je n'ai jamais
eu de mère!» écrira-t-il un jour : c'est qu'il ne la voit
que les dimanches. Impérieuse et sèche, elle ne
mérite pourtant pas cet anathème.

Bagne des esprits tempéré de bienveillance –
on parle au   réfectoire! –, le collège de Vendôme

Le 19 brumaire an VIII (10 novembre 1799), à Saint-Cloud, les grenadiers évacuent les députés des Cinq-Cents qui bousculent le général Bonaparte, héros de la République venu prendre le pouvoir. Le coup d'Etat parachevé, la France moderne peut naître. Ce sera celle de *La Comédie humaine.*

D'après la tradition, ce portrait représente le jeune Honoré vers l'âge de quinze ans, portant sans doute pour la première fois un habit. Serait-ce pour la venue en mai 1814 du duc d'Angoulême, qu'il applaudit de l'une des fenêtres de la nouvelle maison de la famille Balzac, 29, rue d'Indre-et-Loire ? Après les années passées chez une nourrice à Saint-Cyr-sur-Loire, puis à la pension Le Guay à Tours, les années au collège de Vendôme plongent Honoré dans les livres, fournis par un répétiteur complice, Hyacinthe-Laurent Lefèbvre. Sa sœur raconte que, pour pouvoir y lire, il se faisait volontairement enfermer au cachot, situé dans une tour (en haut).

convient parfaitement à ce «monstre» si peu maternel : les familles ne peuvent même pas récupérer les enfants pendant les vacances.

En 1832, Balzac racontera ces tristes années dans sa *Notice biographique sur Louis Lambert*, qui deviendra *Louis Lambert*, récit d'une aventure intellectuelle, biographie imaginaire d'un camarade. Orgies de lecture favorisées par un répétiteur, envols dans l'infini... songe-t-il déjà à ce *Traité de la volonté*, exploration dans les terres inconnues des facultés humaines qu'il fera rédiger par son personnage ? Toujours est-il que le voilà atteint d'une sorte de «coma». Maigre et chétif, il semble perdu dans son rêve. Le 22 avril 1813, ce somnambule quitte le collège.

1er novembre 1814 : après l'abdication de Napoléon, les Balzac montent vers la capitale. «A nous deux, Paris!»

Ce n'est pas la misère dans le Marais, au 40 de la rue du Temple, mais les fastes tourangeaux sont finis pour le petit potentat des Vivres, qui tourne décidément à l'original. S'il a tâté de l'écriture, ce fonctionnaire aux penchants libéraux sait s'arranger avec tous les pouvoirs : il place Honoré dans l'institution du royaliste Lepître, puis en pension chez l'abbé Ganser. Honoré fréquente en même temps le lycée Charlemagne. En septembre 1816, il achève ses études secondaires. Faute de Polytechnique, ambition du père, il sera notaire, rêve de la mère.

Pendant que Laure et Laurence apprennent l'anglais, le piano, la couture, la broderie et le whist, il s'inscrit le 4 novembre à la faculté de droit, tout en entrant comme «petit clerc» chez un avocat, Me Guillonnet-Merville, où on le surnomme «l'Eléphant», et dix-huit mois plus tard chez un tabellion, Me Edouard-Victor Passez, dont l'étude se trouve précisément dans l'immeuble de sa famille.

Auprès de Laure, l'âme sœur, Honoré trouve la tendresse. Des bureaux de clerc, il a une vue imprenable sur les dessous peu ragoûtants de la bourgeoisie.

Trois années de basoche, sanctionnées par le premier baccalauréat en droit. La messe serait-elle dite ? Honoré, pourtant, en autodidacte, complète sa formation intellectuelle, écoute Villemain, Guizot et Victor Cousin à la Sorbonne, consacrant ses heures de loisirs à un labeur acharné. Déjà... Au printemps 1819, Honoré se lève soudain de son tabouret notarial.

Non, il ne gâchera pas sa plume sur des actes poudreux. A sa famille ébahie, il annonce qu'il sera écrivain, un écrivain riche et célèbre

Il a vingt ans. Il tombe bien mal. Mis à la retraite effective le 1er avril 1819, Bernard-François n'accepte pas de déchoir à Paris. On s'installe à Villeparisis, et il n'est pas question de financer la folie du fils. La mère entend bien ne pas le laisser mener ce qu'elle imagine être la vie de bohème. Pour la première fois, Honoré résiste. Sa volonté n'a d'égale que celle de ce Napoléon qui croupit à Sainte-Hélène. Alors, on se résigne, et on négocie un contrat dûment signé. Pour le monde, sa santé l'aura contraint à un repos albigeois, mais Honoré s'installera dans une mansarde près de la Bastille, rue Lesdiguières, avec 120 francs par mois. Le conquistador

Victor Hugo logera Gavroche dans les flancs du monumental éléphant de bois et de plâtre qui se dressait place de la Bastille depuis la fin de l'Empire. Maquette d'une fontaine qui ne sera jamais construite, il disparaîtra en 1847. Balzac dut le voir bien souvent. Il évoquera la rue Lesdiguières dans *Facino Cane* (1836) : « Elle commence à la rue Saint-Antoine, en face d'une fontaine près de la place de la Bastille et débouche dans la rue de la Cerisaie. »

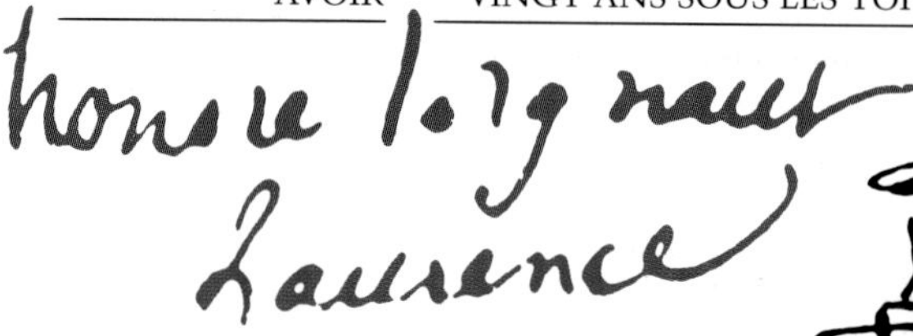

honoré lorgnant
Laurence

de l'immortalité devra vivre avec 4 francs par jour. A lui de faire ses preuves. On lui accorde deux ans.

Août 1819 : sous les toits de Paris

Sa résolution était déjà prise à Vendôme. Au milieu d'un désert pavé, il commence une carrière. Balzac décrira son sordide refuge à deux reprises, dans *La Peau de chagrin* et *Facino Cane*. Un lit, une table, deux chaises pour 3 sous par jour. Le froid passant par les tuiles disjointes le contraint à entourer ses jambes d'une couverture. 3 sous d'huile pour les nuits laborieuses, 2 pour le blanchissage, 3 pour le charbon, 16,90 francs de bois au début de l'hiver, 3 sous de pain, 2 de lait, 15 de charcuterie : à vingt ans est-on bien dans un grenier ? Si ce n'est pas pire qu'un bivouac de brave, c'est bien une condition de prolétaire qui va chercher lui-même son eau à la fontaine publique. Balzac se terre dans un sépulcre glacé, mais il repeint les murs, se fabrique un paravent, s'achète miroir et flambeaux, rêve d'un piano. La pauvreté le grise, ce conquérant en herbe. Il mobilise toute l'énergie de sa jeunesse besogneuse, qu'il transposera dans *Z. Marcas*. Et puis surtout, il explore Paris.

Ecrire ou noircir du papier ? Enfin Cromwell vint puis s'en alla

Il taille ses plumes, achète son papier, une bougie qu'il fichera dans une bouteille, l'huile pour sa lampe : tout est prêt. Il feuillette les manuscrits qu'il a apportés, quelques fragments, des notes jetées sur des cahiers. Que faire ? Un roman ? Un opéra-comique ? Deux mois se passent ainsi. Un drame

Honoré s'est dessiné lui-même, sur une lettre adressée à sa sœur Laure en 1821.

historique alors, comme ceux de Schiller ou d'Alfieri, dans le goût néo-classique comme ceux de Marie-Joseph Chénier? «Je me suis définitivement arrêté au sujet de Cromwell et je l'ai choisi parce qu'il est le plus beau de l'histoire moderne.» Laure, la sœur aimée, est la première informée. Il s'agit d'écrire en 2 000 alexandrins le «bréviaire des peuples et des rois».

Commence un labeur de trappiste, égayé par un ami de la famille, le petit père Dablin, qui l'emmène à la Comédie-Française. En mai 1820, il lit le chef-d'œuvre devant un aréopage familial et amical : quel ennui ! On soumet *Cromwell* à l'académicien Andrieux, pape des classiques : que ce «nouveau Sophocle» fasse ce qu'il veut, excepté de la littérature ! Qu'à cela ne tienne. Laure peut bien épouser

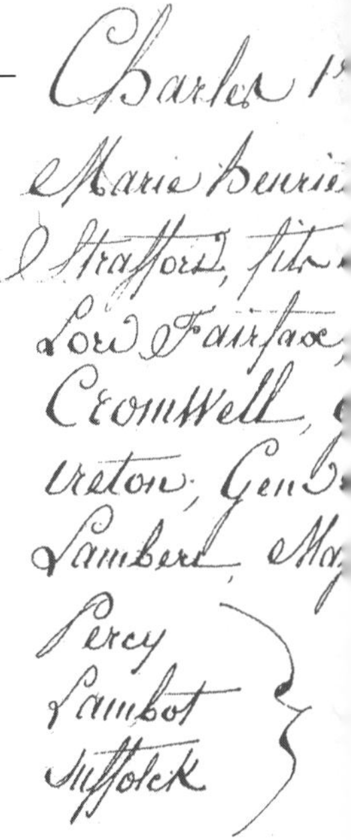

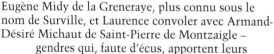

Eugène Midy de la Greneraye, plus connu sous le nom de Surville, et Laurence convoler avec Armand-Désiré Michaut de Saint-Pierre de Montzaigle – gendres qui, faute d'écus, apportent leurs blasons et incitent Bernard-François à usurper derechef la particule –, Honoré ne changera pas ses batteries, d'autant qu'il échappe à la conscription. Simplement, il se décide pour le roman, auquel il s'essayait déjà, accumulant les manuscrits inachevés : *Sténie ou Les Erreurs philosophiques*, roman sentimental épistolaire farci de dissertations et rêve autobiographique à la rhétorique véhémente ; *Falthurne*, roman historique évoquant la lutte de Normands contre les troupes de Byzance au Xe siècle.

Honoré abandonne sa mansarde pour le domicile familial, sans vraiment quitter Paris, puisqu'il vient travailler rue Porte-Foin. La retraite du père s'avère plus maigre que

Quoique consternée par la décision d'Honoré (un écrivain, alors qu'il aurait pu devenir ministre !), Mme Balzac, enthousiasmée par *Cromwell*, en fait une copie calligraphiée. Entre deux déménagements, son fils, ici portraituré par Achille Devéria, libéré du service militaire, se lance dans le roman. Il n'a pas encore la corpulence qui fera le bonheur des caricaturistes. En 1827, Vigny trouvera même ce «jeune homme, très sale, très maigre, très bavard, s'embrouillant dans tout ce qu'il di[t], et écumant en parlant parce que toutes ses dents d'en haut manqu[ent] à sa bouche trop humide».

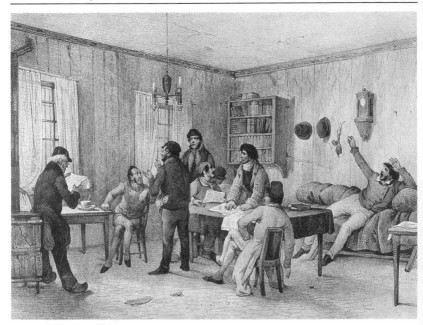

prévu. Il faut gagner de l'argent pour acquérir l'indépendance, et le marché du roman prospère. Si l'épopée napoléonienne a coloré l'histoire de romanesque, la France découvre émerveillée les romans historiques de Walter Scott ; elle redemande les romans gothiques d'Ann Radcliffe, seconde conquête anglaise qui la subjugue. Les cabinets de lecture alimentent la fringale de lecteurs avides d'émotions, désireux d'exciter leurs nerfs et de faire vibrer leur cœur, prêts à frémir ou à s'exalter. On veut de la violence et de l'exotisme, de la fureur et des larmes, des corsaires et des jeunes filles, des troubadours et des fantômes.

Lord R'hoone, Horace de Saint-Aubin et Cie, romans en tous genres : Balzac se cache derrière des noms de guerre

Avant Hugo ou Vigny, Balzac se lance dans la fabrication de ce produit de grande consommation, le roman. Ne vient-il pas de rencontrer Auguste Le

Les cabinets de lecture, ces machines à lire et à rêver des populations urbaines, la plupart ouverts de 8 à 23 heures, permettent, pour une somme modique, de lire sur place journaux, romans à la mode ou ouvrages d'érudition. Certains consentent même des prêts. Ainsi celui de Sainte-Pélagie (ci-dessus), prison pour jeunes gens et débiteurs insolvables, puis prison politique. Parmi les auteurs les plus demandés, Walter Scott (à droite, une scène de *L'Antiquaire*).

JEAN
ET
JEANNETTE,
OU
LES PETITS AVENTURIERS
PARISIENS.
PAR M. DUCRAY-DUMINIL.

Ma foi, vive Paris !... Quand on a de l'argent.
Nanine de VOLTAIRE.

TOME PREMIER.

PARIS.
MÉNARD ET DESENNE FILS, LIBRAIRES,
ÉDITEURS DU RÉPERT... ...L DU THÉÂTRE FRANÇAIS,
Rue... ...N° 8.

Approchez mes Enfans et embrassez moi : vous n'êtes donc plus que moi pourroff...

Poitevin de l'Egreville ? C'est un recruteur de talents chargés de façonner des romans au format in-douze que les éditeurs destinent aux cabinets de lecture, l'in-octavo, consécration mondaine, étant réservé aux grands noms. Trois ou quatre volumes vendus 2 francs ou 2,50 francs chacun, tirés en moyenne de 500 à 2 000 exemplaires, une répartition bien rôdée en rubriques génériques, dotées de leurs chefs de file et de leur piétaille : Mme Cottin et le roman sentimental, Pigault-Lebrun et le roman «gai», Scott et le roman historique, Ducray-Duminil et le roman noir, Victor Ducange et le roman d'aventures… l'industrie tourne bien.

JEAN LOUIS,

ou

LA FILLE TROUVÉE;

PAR A. DE VIELLERGLÉ
ET LORD R'HOONE,

AUTEURS DE L'HÉRITIÈRE DE BIRAGUE.

TOME PREMIER.

PARIS,
CHEZ HUBERT, LIBRAIRE,
PALAIS-ROYAL, GALERIE DE BOIS, N.° 222.

1822.

L'atelier Le Poitevin sort deux titres sous le nom de Viellerglé (anagramme de l'Egreville) auxquels Balzac a peut-être prêté sa plume et, fin janvier 1822, *L'Héritière de Birague*, 4 volumes in-douze sous une triple signature : Viellerglé, Dom Rago (Etienne Arago, un autre ami) et Lord R'hoone, anagramme d'Honoré. Hubert, libraire (on appelle ainsi les éditeurs), les a payés 800 francs à la remise du manuscrit. Ce roman noir situé dans la France du XVIIe siècle se vend chez les libraires des galeries de bois du Palais-Royal. Galérien de la copie, l'écrivain en herbe publie, toujours chez Hubert, *Jean-Louis ou la fille trouvée*, roman gai lourdement chargé de gags,

La «physionomie grimaçante» des galeries de bois du Palais-Royal (ci-dessous) «allait admirablement aux différents commerces qui grouillaient sous ce hangar impudique, effronté, plein de gazouillements et d'une gaieté folle, où, depuis la Révolution de 1789, il s'est fait d'immenses affaires. [...] Il n'y avait là que des libraires, de la poésie, de la politique et de la prose, des marchandes de modes, enfin des filles de joie qui venaient seulement le soir» *(Illusions perdues).*

16 volumes in-8° complèteront la Collection des premiers Romans publiés par

LE PLUS FÉCOND
DE NOS ROMANCIERS,

Sous le Pseudonyme de HORACE DE SAINT-AUBIN.

Mise en vente aujourd'hui de la troisième livraison, 2 volumes in-8°, prix 15 francs, sous le titre ;

LE VICAIRE
DES ARDENNES

puis, dans le goût troubadour, *Clotilde de Lusignan ou Le Beau Juif*, situé dans la Provence du XVᵉ siècle, premier roman écrit et signé seul, dont il ne retire pas les 2 000 francs escomptés – il reçoit toujours des billets ou des traites payables plusieurs mois après.

Il change de masque, et signe Horace de Saint-Aubin *Le Centenaire ou Les Deux Beringheld*, roman noir fantastique (900 francs), et *Le Vicaire des Ardennes*, intrigue sentimentale avec pirates, crime, enlèvement et inceste (1 100 francs). Un tel déchaînement entraîne le retrait de la vente : la censure a frappé.

En août 1822, Balzac traite avec l'éditeur Pollet, qui lui promet 2 000 francs pour 1 000 exemplaires de chaque roman. Balzac a produit seize volumes in-douze en un an. Les prix montent. Cinq, dix romans par an, en consommant soixante plumes par mois, et voilà la fortune. Pourtant, il écrit à sa sœur : «Essayer de devenir libre à coups de romans, et quels romans! Ah, Laure, quelle chute de mes projets de gloire!»

Roman de jeunesse, *Le Vicaire des Ardennes* raconte l'histoire d'un jeune homme, qui, enlevé par des pirates, ignore sa véritable identité. Il croit aimer sa sœur. Epouvanté, il devient prêtre. Apprenant la vérité, il l'épouse néanmoins après son ordination. Retour des pirates : l'héroïne meurt alors que son mari est sur le point d'être relevé de ses vœux. Devenu célèbre, Balzac rééditera ses œuvres de jeunesse (un traité est signé avec Souverain en décembre 1835).

«Ce n'est que le dernier amour d'une femme qui satisfasse le premier amour d'un homme» : Mᵐᵉ de Berny entre en scène

«Je n'ai que deux passions : l'amour et la gloire, et rien n'est encore satisfait» ; à vingt-trois ans, cet esclave des lettres n'a ni vécu, ni aimé. Ses milliers de pages sont comme l'éruption d'une énergie prodigieuse, un pensum auto-infligé pour conquérir le monde, un obscur labeur pour croquer la vie réelle. Quand le destin va-t-il enfin lui faire signe ?

La famille va mal, mais un héritage soigneusement préparé permet la signature d'une nouvelle convention avec Honoré le 1ᵉʳ novembre 1822 ; il devient pratiquement indépendant. Il se néglige pourtant : sa chevelure disparaît sous une couche de graisse, ses dents gâtées laissent passer des postillons, sa barbe voit trop peu le rasoir, son corps pataud le handicape. Les femmes l'intimident, sans deviner quelle vigueur est la sienne. Le hasard aura pitié du gros jeune homme. Un noble voisin, M. de Berny, et sa romantique épouse se lient d'amitié avec les Balzac. Honoré se rend de plus en plus volontiers chez eux. Mais ce n'est pas Emmanuelle, la fille, qui l'intéresse ; c'est Laure, la troisième dans sa vie. Mère de neuf enfants et grand-mère, elle a quarante-cinq ans. Elle l'écoute, l'éduque, le guide d'une main experte et aimante. Elle sera sa Mᵐᵉ de Warens. Il veut tout, il aura tout. Epouvantée, Mᵐᵉ Balzac l'expédie chez les Surville. En vain. Avec Laure, la grande et sublime Dilecta (l'Elue), Honoré connaîtra dix ans de sensuelle intimité, jusqu'en 1833. Puis ce sera l'affection fidèle de cette «ange d'amitié». Dans toutes les femmes, Balzac recherchera

Louise-Antoinette-Laure de Berny, née Hinner (ci-dessous), et Honoré échangent des serments sur le banc de pierre du parc de la propriété que possèdent les Berny à Villeparisis, à l'autre bout du village (cinq cents habitants, une route, six auberges). Protégés par la nuit, ils le sont peut-être par l'indifférence de Gabriel, le mari, atrabilaire et malade, conseiller à la cour royale. Laure, la Dilecta, va dégrossir le cœur et la plume du jeune homme.

Faut-il voir dans ce tableau de Delacroix censé représenter Balzac jeune l'image de l'amant romantique que le romancier en herbe s'imagine être dans les bras de Laure de Berny ? Recopiant des brouillons, il lui écrit de longues lettres enflammées et éloquentes. Ce qu'il nommera plus tard «le poème Berny» est d'abord un abandon à la douceur d'un sein maternel. S'infantilisant, il appelle «maman» cette femme aux yeux gris et à la taille ramassée, alourdie par les maternités (au centre). Mais elle donne un peu d'allure et de savoir-vivre du cœur à ce jeune présomptueux, courtaud et nerveux. Un jeune homme qui tend déjà à l'embonpoint, ignore le sens des convenances, tantôt se croyant tout, tantôt ne se croyant rien. Par les caresses, Mme de Berny révèle à ce don juan de Villeparisis le bon goût, le ton de l'ancienne cour et lui apprend le monde et les hommes. Nanti de cette mère-amante, Honoré réglera ses comptes avec Mme Balzac dans *Wann-Chlore*, où il trace un portrait au vitriol de mère abusive et vindicative.

désormais une auxiliaire maternelle, protectrice et dévouée. Et distinguée surtout.

Exeunt les romans de jeunesse, place au journal

Après *La Dernière Fée ou La Nouvelle Lampe merveilleuse* en 1823, sort en 1824 *Annette et le criminel* (1 000 francs), suite du *Vicaire des Ardennes* où l'on retrouve Argow le pirate, première mouture de Vautrin. L'éditeur Delongchamp présente Balzac à Urbain Canel. En 1825, paraît sans nom d'auteur *Wann-Chlore*, entrepris dès 1823. Ce roman d'amour, s'il transpose l'aventure d'Honoré, fait entrer les détails de la vie privée dans la fiction. La série des romans de jeunesse s'achève.

Plus tard, Balzac les présentera comme autant d'apprentissages ; ici le dialogue, là la description, là encore la composition. Il a surtout imité les succès à la mode, tenté d'égaler les maîtres. Essayant tous les styles, s'enfermant dans les excès du romanesque, il n'a pas encore inventé sa manière, même si l'on peut déceler çà et là telle situation, tel personnage, telle

Alors qu'Honoré lit les dix volumes de Lavater (ci-dessous), expliquant comment traits du visage, expressions et gestes trahissent notre force intérieure, Bernard-François, le père (à gauche), tourne de plus en plus au vieil original

CODE

DES

GENS HONNÊTES,

OU

L'ART DE NE PAS ÊTRE DUPE

DES FRIPONS.

thématique qui prendront plus tard une tout autre force. Il a fait ses manœuvres, les vraies batailles vont commencer.

Pour l'heure, Honoré s'installe rue de Tournon et entame une nouvelle carrière, le journalisme. Rencontré en 1823, Horace Raisson l'a introduit auprès des petits journaux, *Le Pilote*, *Le Corsaire*, *Le Diable boiteux*… Pour *Le Feuilleton littéraire*, le fils du libéral Bernard-François publie deux brochures qui rendent son père furieux : *Du droit d'aînesse* et *Histoire impartiale des Jésuites* (1824). Pour l'atelier Raisson, Balzac va composer des «codes», genre à la mode, sans que l'on sache aujourd'hui ce qui lui revient. L'on est sûr du *Code des gens honnêtes ou l'Art de ne pas être dupe des fripons* (1825). De même, l'on ignore son

et développe des idées sur l'harmonie des forces vitales.

degré de participation à la série des Arts : *Art de mettre sa cravate, de payer ses dettes*, etc. Notons que cet atelier met au point un comique familier, l'art de l'observation et traduit plaisamment les thèses de Lavater sur la physionomie. Balzac y découvre une dramaturgie de la vie quotidienne, bien différente du romanesque dominant.

Deux événements marquent l'année 1825. D'abord, Balzac rencontre une nouvelle Laure. Veuve de Junot, duc d'Abrantès, l'un des prestigieux généraux de l'Empire, cette brune de quarante ans, un peu boulotte, avait été l'une des plus brillantes étoiles filantes de la cour napoléonienne et la maîtresse de Murat. Désireux d'emporter cette impérieuse forteresse, cette duchesse ruinée aux goûts de luxe et aux fabuleux souvenirs, Balzac mène un siège de huit mois. En septembre, il triomphe. Et commence alors le temps des affaires.

1825 : après la chose écrite, l'impression de la chose, ou Balzac éditeur, puis imprimeur

Tout en rêvant d'être le Walter Scott français, tout en continuant sa besogne de «nègre», Balzac se laisse séduire par la sirène Canel. Ce grand éditeur lui propose une spéculation de librairie : publier les œuvres complètes des classiques en un volume unique pour chaque auteur. Balzac fonce. Déjà il voit les ballots de livres partir tous azimuts, déjà il compte les billets de mille. Au lieu d'attendre le succès du *La Fontaine* (financé par Laure de Berny), il lance immédiatement un *Molière*. De plus, il veut vendre chaque volume 20 francs, somme énorme pour l'époque. En un an, il en écoule vingt. On descend le prix à 13, puis à 12 francs. Rien n'y fait. Balzac se fait

Elle a tout vu, tout connu et rivalisé avec Joséphine : la quarantaine autoritaire, Laure Permon, duchesse d'Abrantès, séduit celui qui lui écrira : «Je renferme dans mes 5 pieds 2 pouces toutes les incohérences.» Elle introduit ce débutant dans le monde et lui fait des confidences pour la *Physiologie du mariage*. En échange, il l'aidera à rédiger ses *Mémoires*.

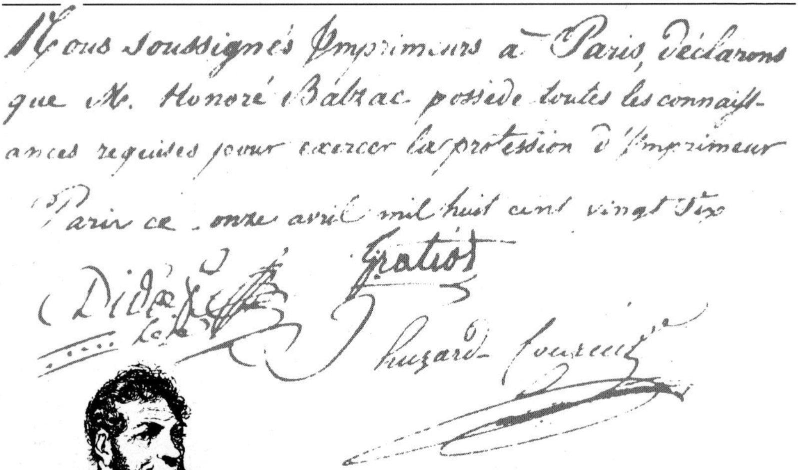

Nous soussignés Imprimeurs à Paris, déclarons que M. Honoré Balzac possède toutes les connaissances requises pour exercer la profession d'Imprimeur

Paris ce onze avril mil huit cent vingt-six

même rouler dans la liquidation du stock. Il a 15 000 francs de dettes. Tombera-t-il ? Ce serait mal le connaître. L'édition seule fut un naufrage, imprimons donc pour ne pas engraisser les imprimeurs. Contrôler toute la chaîne de production, de l'écriture à la vente, voilà la solution.

En mars 1826, cautionné par la famille (l'imprimerie, c'est sérieux), il achète 30 000 francs une imprimerie dans l'actuelle rue Visconti, près de la maison où mourut Racine. Puis, appuyé par le peu rancunier M. de Berny, il obtient son brevet d'imprimeur. Alors que Bernard-François fête ses quatre-vingts ans en engrossant une paysanne, des presses de l'« Imprimerie Honoré Balzac », supervisées par le

Le 1er juin 1826, Balzac obtient son brevet d'imprimeur. Il a satisfait pour cela à une enquête « sur la moralité et les dispositions politiques du Sr. Honoré Balzac ». Les enquêteurs certifient que le demandeur « n'a jamais fait aucun apprentissage, ni travaillé matériellement dans l'imprimerie ; mais on convient en même temps qu'il connaît bien le mécanisme de cet art. Du reste, on annonce que la conduite du Sr. Balzac est régulière et qu'il professe de bons principes ». Il a désormais des locaux commerciaux, des ouvriers, mais il ignore encore qu'il entre dans un cycle infernal où seuls gagnent les Nucingen (à gauche, le baron, banquier).

typographe Barbier, sort le premier ouvrage : un prospectus pour les *Pilules antiglaireuses de longue vie ou grains de vie* (1826). S'agitant, soufflant, suant jour et nuit dans cette sombre bâtisse, que décriront plus tard *L'Interdiction*, *Illusions perdues* et *La Maison du Chat-qui-pelote*, Balzac s'y aménage aussi une garçonnière. Mais l'entreprise tourne mal. A l'été 1827, tout est perdu. Au lieu de renoncer, Balzac adjoint à son imprimerie agonisante une fonderie de caractères. En avril 1828, il cède la fonderie à Alexandre de Berny, fils de sa maîtresse. Redevenue prospère, la maison durera jusqu'à nos jours. Balzac doit près de 100 000 francs à sa famille et à Laure. Mais il a compris que le monde réel peut être aussi grandiose qu'une bataille de Napoléon. Il a appris à connaître le pouvoir démoniaque de l'argent.

Le Napoléon des affaires a fait faillite, place au Napoléon des lettres

Puisqu'il a touché le fond, Balzac ne peut que remonter. D'abord, se faire oublier. Il se réfugie chez Henri de Latouche, superbe papillon de la littérature et du journalisme, éditeur d'André Chénier et amant de Marceline Desbordes-Valmore, qui avait fait l'éloge de *Wann-Chlore*.

Dans l'étroite et sombre rue des Marais-Saint-Germain (aujourd'hui Visconti), les machines occupent le rez-de-chaussée de la maison, après une entrée sale et un vestibule fangeux. Au fond, une cloison en bois ornée de rideaux verts forme un cabinet. Un escalier tournant mène à l'appartement : antichambre, salle à manger et chambre à coucher avec alcôve tendue de percale bleue. Balzac y a fait transporter une grande bibliothèque où trônent des éditions luxueuses de Molière, Diderot, Voltaire et Rousseau. Il y attend ses amantes en redingote brou de noix, pantalon gris acier et gilet blanc, fournis par le tailleur Buisson.

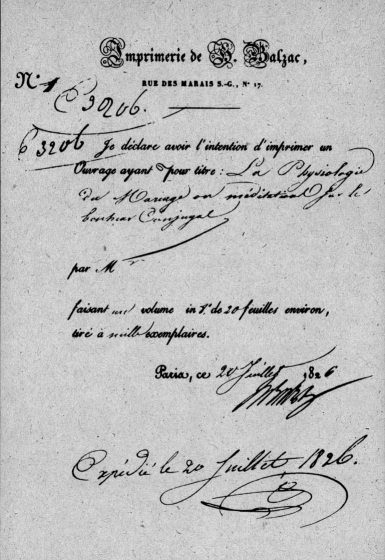

Imprimerie de H. Balzac,

RUE DES MARAIS S.-G., N° 17.

N° 1

C 3206.

C 3206. Je déclare avoir l'intention d'imprimer un Ouvrage ayant pour titre : La Physiologie du Mariage ou méditation sur le bonheur Conjugal

par M.

faisant un volume in 8° de 20 feuilles environ, tiré à mille exemplaires.

Paris, ce 20 Juillet 1826

Expédié le 20 Juillet 1826.

Paris.

IMPRIMERIE DE H. BALZAC,

RUE DES MARAIS S.-G. N. 17.

L'ART
DE
DONNER A DINER,
DE DÉCOUPER LES VIANDES,
DE SERVIR LES METS, DE DÉGUSTER LES VINS,
DE CHOISIR LES LIQUEURS, ETC. ETC.;
ENSEIGNÉ
EN DOUZE LEÇONS,
AVEC DES PLANCHES EXPLICATIVES DU TEXTE,
PAR
Un ancien Maître-d'hôtel
DU PRÉSIDENT DE LA DIÈTE DE RISDORFF,
CI-CHEF D'OFFICE DE LA PRINCESSE CHARLOTTE, ETC. ETC.

Convier quelqu'un, c'est se charger de
son bonheur pendant tout le temps
qu'il est sous notre toit.
Physiol. du Goût, Aph. xx.

A Paris,
CHEZ URBAIN CANEL, LIBRAIRE,
RUE SAINT-GERMAIN-DES-PRÉS, N. 9.
1828.

PETIT
DICTIONNAIRE
CRITIQUE ET ANECDOTIQUE
DES
ENSEIGNES DE PARIS,
Par un Batteur de pavé.

A bon vin point d'enseigne.

PARIS.
CHEZ LES MARCHANDS DE NOUVEAUTÉS,
AU PALAIS-ROYAL.

PHYSIOLOGIE
DU MARIAGE
OU
MÉDITATIONS DE PHILOSOPHIE
ÉCLECTIQUE,
SUR LE BONHEUR ET LE MALHEUR CONJUGAL.
PUBLIÉES PAR UN JEUNE CÉLIBATAIRE.

Le bonheur est le but que désire atteindre tous les célibataires.
(*L'auteur.*)

TOME I.

PARIS.
LEVAVASSEUR, LIBRAIRE-ÉDITEUR,
AU PALAIS-ROYAL.
URBAIN CANEL, RUE J.-J. ROUSSEAU, N. 16.
M DCCC XXX.

L'ALBUM
HISTORIQUE ET ANECDOTIQUE.
Tome Premier.

Paris,
IMPRIMERIE DE H. BALZAC,
RUE DES MARAIS S.-G. N. 17.

Un homme de caractères

L'une des premières déclarations d'impression faites par Balzac concerne son propre ouvrage, *La Physiologie du mariage ou Méditations de philosophie éclectique sur le bonheur conjugal* (page de gauche). La version définitive ne paraîtra qu'en 1829, mais Balzac y travaille dès 1824, et imprime un exemplaire unique de la première ébauche. Il le relie à la suite de l'*Histoire de la rage* rédigée par son père. La production de l'imprimerie Balzac sera importante. On attribuera longtemps au romancier le *Petit Dictionnaire des enseignes de Paris*, en fait l'œuvre d'un certain Brismontier. En revanche, Balzac a vraisemblablement écrit l'*Album historique et anecdotique*, mensuel qui ne devait avoir qu'un seul numéro. La maison Balzac imprime *Cinq-Mars ou une conjuration sous Louis XIII*, roman de Vigny, *La Jacquerie* de Mérimée et aussi *L'Art de donner à dîner, de découper les viandes…*

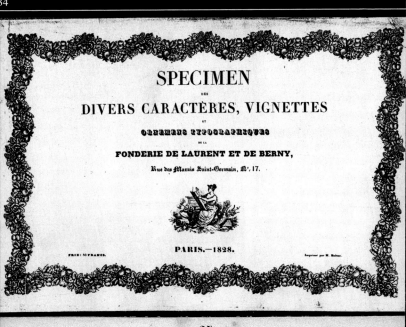

SPECIMEN

DES

DIVERS CARACTÈRES, VIGNETTES

ET

ORNEMENS TYPOGRAPHIQUES

DE LA

FONDERIE DE LAURENT ET DE BERNY,

Rue des Marais Saint-Germain, N°. 17.

PARIS.—1828.

PRIX: 50 FRANCS.   Imprimé par M. Balzac.

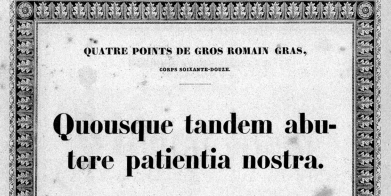

QUATRE POINTS DE GROS ROMAIN GRAS,

CORPS SOIXANTE-DOUZE.

Quousque tandem abutere patientia nostra.

LETTRES EGYPTIENNES ORNÉES,

CORPS CENT SOIXANTE.

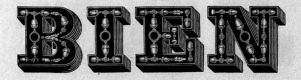

LETTRES ÉGYPTIENNES,

CORPS CENT SOIXANTE.

MAL

Près de l'Observatoire, la maison de la rue Cassini se trouve dans un quartier sinistre, aux terrains vagues désertés : «Là Paris n'est plus et là Paris est encore. Ce lieu tient à la fois de la place, de la rue, du boulevard, de la fortification, du jardin, de l'avenue, de la route, de la province, de la capitale» *(Ferragus)*.

Mais il quitte cet impénitent bavard, et se rend rue Cassini, aux paisibles confins du Paris de 1828, dans un logement loué 400 francs par an au nom des Surville, pour tromper les créanciers. Il y restera neuf ans. Connaissent seuls le secret un ami peintre et Laure de Berny, qu'un escalier de service mène directement par une porte dérobée dans la chambre. Balzac aménage luxueusement son logis, accumulant un bric-à-brac de bibelots et de meubles, apprêtant voluptueusement la salle de bains. Seul le cabinet de travail reste monacal : une chaise, une petite table, un bougeoir, une armoire pour les manuscrits.

Ses comptes étaient fantaisistes, ils vont devenir fantastiques. Plus encore que le Napoléon du roman, Balzac est l'empereur de la dette. Un rapport nécessaire – ou fatal – de cause à effet se met en place entre les débauches de sa future existence fastueuse et celles de son esprit créateur. La dette sera comme un excitant de l'imagination, la drogue de son activité. Sur la cheminée du cabinet de travail, un buste en plâtre de Napoléon. Balzac colle sur le socle un papier : «Ce qu'il a entrepris par l'épée, je l'accomplirai par la plume.»

Honoré Balzac persiste et signe enfin

En mars 1829 paraît chez Canel *Le Dernier Chouan ou la Bretagne en 1800*. On venait de traduire *Le Dernier des Mohicans*, le titre paraît bon pour lancer la marque Balzac, d'autant que les Chouans font figure de modernes sauvages. A partir d'un récit déjà esquissé – *Le Gars*, retraçant un épisode de la guerre de Vendée –, de notes prises au cours d'un voyage entrepris pour se documenter, le Walter Scott français compose un roman situé dans l'histoire récente et rythmé comme un roman d'aventures. Restée inédite jusqu'en 1931, la préface initiale du roman l'attribuait à Victor Morillon, troisième pseudonyme, troisième incarnation de Balzac. Il assume finalement son œuvre. C'est un échec. On vend 300 exemplaires en trois mois.

Bernard-François, qui fut peut-être le premier personnage balzacien, meurt. Balzac rebondit : il va entamer un nouveau début dans la vie. Il commence à fréquenter le monde, est reçu chez Sophie Gay, chez Victor Hugo, chez le peintre Gérard, rencontre tous les aigles du romantisme. Laure d'Abrantès l'introduit auprès de quelques douairières. Surtout, il écrit. Ce sera *La Physiologie du mariage*, sarcastique autopsie

Le 10 juillet 1829, pour la lecture de ce qui deviendra *Marion Delorme*, Victor Hugo (au centre) convie l'auteur du *Dernier Chouan*, qu'il a connu imprimeur. Au cours de cette soirée, Balzac rencontre nombre d'écrivains et d'artistes, avec lesquels il se liera. Intronisé dans le milieu littéraire par le dieu du romantisme au front olympien et impérial, le jeune auteur est désormais consacré. De son côté, la duchesse d'Abrantès lui fait connaître le marquis de Custine et les anciennes belles du temps du Directoire, Fortunée Hamelin ou la comtesse Merlin, maîtresse de l'écrivain et influent journaliste Philarète Chasles, un bon ami.

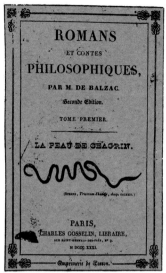

de la conjugalité, écrit dans l'allégresse du ton enfin maîtrisé, où l'observation atteint précision et exactitude. Ce seront aussi chez Mame, où il a publié les *Mémoires* apocryphes du bourreau Sanson, les *Scènes de la vie privée* (3 750 francs) mises en vente en avril 1830. Entre autres innovations, il y invente le type de la femme incomprise et déçue par le mariage. Consacré par son investiture dans le milieu littéraire, Balzac est né. Il devient l'homme du moment.

L'homme de trente ans

Le Balzac 1830 ressemble peu aux images devenues traditionnelles. Journaliste, parisien, fournisseur de contes et nouvelles, écrivain à la mode, il éblouit, malgré l'aspect physique qui restera désormais le sien. Le tailleur Buisson lui fait crédit, il en profite largement. Ecrivain à tout faire, il poursuit son activité de polygraphe, il donne chronique sur chronique aux journaux à succès d'Emile de Girardin, comme *La Mode*, *La Silhouette*, *Le Voleur* et collabore à *La Caricature* de Philipon. Mais il va mettre sur le marché un roman de type nouveau, un conte oriental situé dans le Paris de 1830, celui de la

Emile de Girardin (caricaturé ci-dessus), dont Balzac sera en 1831 témoin lors de son mariage avec Delphine Gay, devient l'un des grands publicistes du temps. Auteur d'un roman, *Emile* (1828), c'est dans le journalisme qu'il va exceller, sans s'embarrasser de scrupules : *Le Voleur*, le bien nommé, «emprunte» ses articles aux autres journaux! Les bonnes plumes (G. Sand, A. Dumas, E. Sue) qu'il a su attirer rivalisent de talent et d'esprit. Avec la baisse des prix, ce corsaire du boulevard des Italiens, fils naturel d'un comte, révolutionnera la presse en 1836.

L'ABOLITION
DE
L'AUTORITÉ
PAR LA SIMPLIFICATION DU GOUVERNEMENT
PAR
EMILE DE GIRARDIN

solitude et des salons, celui de la pauvreté et de la richesse. Balzac opère une coupe à travers la société et fait apparaître certains types : grandes dames, savants, usuriers, jeunes gens. Balzac sait maintenant qu'il sera l'historien de son temps, mais aussi le physiologue, le peintre, le psychologue, le médecin, le juge et le poète de Paris, de toute la France, du monde peut-être. Il comprend aussi que la révolution de Juillet n'a rien changé. En 1831 paraît *La Peau de chagrin* (1 125 francs). Balzac trouve son nom. Il sera Honoré *de* Balzac.

Paris se soulève (ci-dessous la prise de l'Hôtel-Dieu), mais un roi bourgeois succède à Charles X et les affairistes triomphent.

Le succès métamorphose Balzac en homme du siècle, et les femmes lui écrivent. Son aventure littéraire trouve une nouvelle voie : Falstaff au physique, il sera le Shakespeare de la vie privée dans l'histoire de la France moderne. Ses romans déploieront une vision du monde. En 1839, il trouve le titre. A *La Divine Comédie* de Dante, construction théologique, il opposera l'édifice sociologique : *La Comédie humaine.*

CHAPITRE II
À LA TÊTE DE
2 500 PERSONNAGES

Balzac en 1842 :
«Quel œil noir,
profond comme
la mer!», disait
J. Lecomte en 1837.

Grisé, Balzac a plus que jamais conscience de sa force. Monstre d'énergie, au faciès plébéien et à la conversation torrentielle, il embrasse goulûment la vie mondaine et mène grand tapage dans la «loge infernale» de l'Opéra avec les «lions», cette jeunesse dorée du Paris à la mode. Incorrigible snob, il rêve du faubourg Saint-Germain. Il se met en frais de toilette – un habit bleu à boutons d'or ciselés, des gilets de soie –, s'achète un tilbury avec laquais en livrée, loue le second étage de la rue Cassini. Un petit

Reçu chez la princesse Bagration, la duchesse d'Aumont, la comtesse Molé, chez les Fitz-James, les Guiche, le snob Balzac joue au dandy. Le 17 septembre 1831, il achète pour 4 000 francs à son ami le baron Sanegon le cheval et le cabriolet de sa maîtresse. Ainsi se rend-il à l'Opéra, dont les loges bruissent et brillent de mille feux (ci-dessus). Il connaît la divine Grisi et se lie d'amitié avec Rossini.

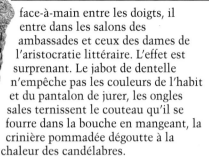

face-à-main entre les doigts, il entre dans les salons des ambassades et ceux des dames de l'aristocratie littéraire. L'effet est surprenant. Le jabot de dentelle n'empêche pas les couleurs de l'habit et du pantalon de jurer, les ongles sales ternissent le couteau qu'il se fourre dans la bouche en mangeant, la crinière pommadée dégoutte à la chaleur des candélabres.

S'il met bien mal en pratique son *Traité de la vie élégante*, il veut à tout le moins faire sensation. Pourquoi pas un sceptre, qui serait en quelque sorte sa signature mondaine ? Une canne de 700 francs fera l'affaire – une massue au pommeau serti de turquoises, dont il affirme qu'il contient le portrait dénudé d'une grande dame. C'est un hâbleur ; sa loquacité éblouit, étourdit et assourdit. Il devient la providence des caricaturistes, mais l'on ignore tout de son labeur quotidien consacré à la peinture du siècle et de ses maux. Déjà roi, pas encore empereur : Balzac Ier s'use à la lumière de sa chandelle.

«Un quart d'heure passé près de vous le soir vaut mieux que toutes les félicités d'une nuit près de cette belle» : Honoré trouve en Zulma l'amie exemplaire

Balzac recherche la compagnie des femmes. Il mène l'assaut contre Laure d'Abrantès et il connaît le bonheur de l'amitié féminine grâce à Zulma.

❝Il était gros, épais, carré par la base et les épaules ; le cou, la poitrine, le corps, les cuisses, les membres puissants ; beaucoup de l'ampleur de Mirabeau, mais nulle lourdeur ; il y avait tant d'âme qu'elle portait tout cela légèrement, gaîment, comme une enveloppe souple.❞
Lamartine, 1831

Outre sa rondeur et son fascinant visage, surmonté de grandes boucles de cheveux, Balzac s'impose par sa canne, indispensable accessoire qui inspirera à Delphine de Girardin *La Canne de M. de Balzac*. La statuette-charge de Dantan (1835, page de gauche) montre combien cet «œuf de Pâques» impressionne ses contemporains.

Et vous Honoré, en voulez-vous

Ô ma canne, que je te remercie!!

K. CLOPET

Rançon de la gloire, la caricature fait flèche de tout crayon. L'homme à la canne croqué par Dantan (ci-contre) ou Clopet (ci-dessous) met en joie le tout-Paris des années 1830. Le buveur de café était aussi grand amateur de thé (page de gauche «Et vous Honoré, en voulez-vous une tasse?» par Grandville). Il le réservait pour ses meilleurs amis : «Ce thé, fin comme du tabac de Lathakieh, jaune comme de l'or vénitien, répondait sans doute aux éloges dont Balzac le parfumait avant de vous permettre d'y goûter; mais véritablement il fallait subir une espèce d'initiation pour jouir de ce droit de dégustation» (Léon Gozlan). N'était-ce pas le propre thé de l'empereur de Chine, dont il envoyait quelques poignées au tsar? Ainsi Balzac affirmait-il l'obtenir *via* ce détour russe. De plus, prétendait-il, si l'on prend trois fois de ce thé d'or digne des *Mille et Une Nuits*, on devient borgne; six fois on devient aveugle! Quand il s'apprêtait à en boire, Laurent Jan disait gravement : «Je risque un œil : servez!»

Camarade de Surville, polytechnicien comme lui, Carraud est instructeur à l'Ecole de Saint-Cyr. Sa femme (ci-contre) anime un petit groupe que fréquente Balzac. Point très jolie, mais fine, intelligente, décidée, affectée d'une légère claudication, elle méritera «une affection qui ne ressemble à aucune autre». C'est à Zulma que Balzac adresse dès novembre 1830 un véritable programme légitimiste moderne : «La France doit être une monarchie constitutionnelle, doit avoir une famille royale héréditaire, une Chambre des Pairs extraordinairement puissante, qui représente la propriété, [...] une seconde assemblée élective qui représente tous les

alla Carissima Zulma en témoignage d'une bien constante amitié

honoré

Il a rencontré Zulma Carraud, épouse cultivée d'un capitaine d'artillerie, chez Laure Surville. Désormais, entre Honoré et Zulma s'établit une liaison fondée sur une loyale et indéfectible amitié : «J'étais votre femme prédestinée»; «Il me faudrait une femme comme vous, une femme désintéressée». Sûre et franche, elle sera sa conscience artistique. Seule Mᵐᵉ Hanska saura

intérêts de la masse intermédiaire qui sépare les hautes positions sociales de ce que j'appelle le peuple».

occuper une plus grande place, mais c'est qu'elle sera aussi l'amante.

Quant aux amitiés masculines, elles restent rares, et se cantonnent souvent à des gens obscurs. Le démiurge se contente d'un étroit cercle d'intimes. «J'essaie de confiner ma vie dans mon cerveau», confie-t-il à Zulma, mais la vie le déborde de toutes parts. La gloire le dispense de chercher la femme aimante idéale. Elle vient à lui. Elle s'appelle Claire-Clémence-Henriette de Castries.

Femme de trente-cinq ans, une infirme au cœur brisé lui écrit du faubourg Saint-Germain

Parmi les lettres envoyées de tous les horizons, on lui en réexpédie une le 5 octobre 1831, à Saché, près de Tours, où il travaille chez ses amis Margonne. Signée d'un pseudonyme anglais qui révèle une très grande, très belle, très malheureuse dame, chagrinée par l'âpre lucidité de la *Physiologie du mariage*, elle excite prodigieusement son imagination si prompte à s'enflammer. Il répond, et fait de cette inconnue la confidente de «sa pensée intime et future». Il lui

Les salons du Faubourg ne ressemblent pas tous à ce cabinet des antiques caricaturé par Monnier. Temples du goût, antres sacrés de la noblesse légitimiste, mémoire de l'ancienne France, ils concentrent selon Balzac l'élitisme, les prestiges du raffinement, la tradition garante de la stabilité : «Une aristocratie est en quelque sorte la pensée d'une société, comme la bourgeoisie et les prolétaires en sont l'organisme et l'action» (*La Duchesse de Langeais*, 1833-1834). Mais «l'égoïsme général a causé la perte de ce monde à part».

confie qu'il veut échafauder «un ouvrage qu'[il sera] fier d'avoir tenté, même en succombant dans cette entreprise». Sans en connaître le titre, il annonce déjà *La Comédie humaine*. Le 28 février 1832, le mystère est levé; il reçoit une invitation de Mme de Castries. Le même jour part une lettre de Russie, signée «l'Étrangère». Il ne s'y arrêtera pas vraiment.

Tout l'attire vers le canapé Récamier du palais Castellane, rue de Grenelle, où l'attend Mme de Castries, une pâle et lasse aristocrate aux cheveux roux – d'un blond un peu fauve –, prête à recevoir l'hommage d'un écrivain courtaud aux yeux passionnés, et passionnant. Flattée, elle lui accordera quelques privautés, ces «menues et progressives conquêtes dont se repaissent les amants timides» *(La Duchesse de Langeais)*, alors qu'il exprime violemment son désir. Pendant des mois, le tilbury s'arrêtera chaque soir dans la cour de l'hôtel particulier, et Balzac offrira des manuscrits à la marquise, qui, paralysée, ne peut plus sortir à cinq heures. La dette se gonfle. Il se réfugie à Saché pour travailler, seule solution, d'autant qu'il a déjà vendu d'avance des ouvrages dont il n'a pas écrit la première ligne.

Mme Balzac prend en main les calamiteuses affaires de son fils, qui songe à un riche mariage. Mais la manœuvre avortera. Décidément, il faut amasser la copie, se rendre de refuge en havre de paix,

Trois manoirs, deux fermes, dix moulins: Jean de Margonne vit à son aise. «Distingué» par Mme Balzac quand, à Tours, il paradait à la tête des grenadiers de la Garde nationale, ce gendre du châtelain de Saché (à gauche), dont il héritera avec sa jeune et dévote femme, ne serait pas étranger à la naissance d'Henri, frère d'Honoré. C'est chez lui que le romancier ira bien souvent chercher tranquillité et inspiration, tout en faisant ainsi quelques économies. Sa chambre y est réservée, et le soir, dans le grand salon, il lit à ses hôtes ses pages à l'encre encore fraîche. En l'été 1832, les journaux annoncent de manière humoristique sa candidature aux élections dans la circonscription de Chinon. La bâtisse abrite aujourd'hui un musée Balzac.

Scènes de la vie privée
Tomes - 1 et 2.
Le Bal de Sceaux
Gloire et malheur
ou à Bourse
ou à femme vertueuse
La paix du ménage
Profil de marquise
un titre d'Ev—
La messages
Le grenadier
La femme abandonnée
Gobseck.

Béatrix
ou à femme de trente ans
Le contrat de mariage

Scènes de la vie parisienne
Tome Ver et VI.

Histoire des Frères
I. Ferragus
II. La duchesse de Langeais
III. La Fille aux yeux d'or
Le colonel chabert
Le père Goriot
César...ane
l'interdiction
...dine
...l'athée
...Birotteau
...on Nucingen
La Torpille
un prince parisienne
madame firmiani
Les Bureaux ou la
femme supérieure

Claire-Clémence-Henriette-Claudine de Maillé de la Tour Landry, marquise de Castries (ci-contre), descend d'une illustre lignée : les Maillé n'étaient-ils pas barons au XIe siècle ? Son père avait été gentilhomme à la chambre de Charles X, sa mère était une Fitz-James, de la lignée des Stuarts. Jolie, spirituelle, âgée de trente-cinq ans, elle avait eu avec le prince Metternich, fils du célèbre chancelier autrichien, une liaison publique interrompue par la mort du jeune amant : pourquoi la nouvelle coqueluche des salons ne pourrait-elle pas prendre la succession ? Une telle conquête serait à coup sûr plus prestigieuse que celle d'Olympe Pélissier, maîtresse d'Eugène Sue, que Balzac avait «eue» sans coup férir.

comme à Angoulême, chez les Carraud. Et puis la marquise de Castries l'invite à Aix, au grand dam de Zulma. Serait-ce l'embarquement pour Cythère ? Il y arrive la jambe bandée,

suite douloureuse d'une chute
lors d'une étape, due à
sa corpulence.

Le sigisbée de la marquise se convertit au légitimisme

Entre la parution de *La Peau de
chagrin* et la fin de l'année 1832, il
écrit 41 articles et contes, dont les
Contes drolatiques et la plupart des
Contes bruns. En octobre 1831, trois
volumes de *Romans et contes philosophiques*, suivis
des *Nouveaux Contes philosophiques*, où figure la
Notice biographique sur Louis Lambert, peignent «la

NOUVEAUX
Conte
PHILOSOPHIQUES,
Par M. de Balzac,

En tête des trois
volumes in-octavo
rassemblant les
*Romans et contes
philosophiques*,
Balzac fait ajouter
l'introduction de
Philarète Chasles
qui explicite l'idée
générale qu'il veut
démontrer :
«Il s'attache à peindre
la désorganisation
produite par la
pensée.» Avec *Le
Colonel Chabert*
(ci-contre), le
romancier écrit un
drame judiciaire qui
transpose dans la vie
privée les batailles
de l'Empire. Relégué
social, misérable,
le colonel doit faire
reconnaître son
existence. Survivant
d'une histoire
tumultueuse, il ne
peut vaincre le Code,
devenu l'implacable
Loi moderne, le
triomphe de l'égoïsme.
La société n'est qu'une
intrication de crimes
cachés, d'assassinats
commis dans les
ténèbres du Code, qui
permet de persécuter
les innocents.

S désorganisation produite par la pensée». A cette veine, où Balzac expose une véritable philosophie, s'ajoute celle des *Scènes de la vie privée*, dont *Le Colonel Chabert* et *Le Curé de Tours*, qui s'augmentent des *Etudes de femmes*, nourries de ses expériences sentimentales. Prolifération textuelle où se met en place une nomenclature zoologique et sociale des types humains, comme la femme sans cœur ou la victime d'intrigues machiavéliques. Déjà s'amorcent les *Etudes de mœurs*.

Parallèlement, sa vision politique du monde se précise. Balzac donne des articles légitimistes au *Rénovateur*, revue fondée notamment par le duc de Fitz-James, l'oncle d'Henriette de Castries. Il ne fait qu'aller dans le sens des opinions qu'il professe depuis quelques années. *La Comédie humaine* sera écrite «à la lueur de deux Vérités éternelles : la Religion, la Monarchie».

La marquise quitte Aix pour l'Italie avec son écrivain dans ses bagages. A Genève se déroule fin septembre une scène humiliante : Henriette se refuse à l'amoureux empressé. Honteux, furieux, il renonce

Dans le concert de la presse légitimiste (caricaturée ci-dessus), les articles que Balzac donne au *Rénovateur*, revue animée par Pierre-Sébastien Laurentie, comportent notamment un *Essai sur la situation du parti royaliste* et *Du gouvernement moderne*, non publié pour cause de double emploi avec celui de Bonald, théoricien contre-révolutionnaire, partisan de la Monarchie de droit divin et ténor du parti légitimiste. En outre, Balzac y faisait l'apologie de l'Empereur.

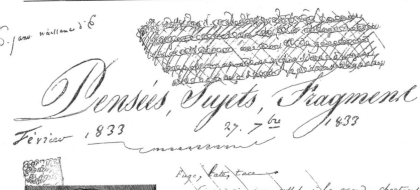

à l'Italie et se venge en trois nuits d'écriture forcenée. *Le Médecin de campagne*, s'il expose ses idées politico-socio-économiques et condense en quelques pages vibrantes la légende napoléonienne, devait aussi contenir, sous forme de confession autobiographique, le cri de douleur et de rancœur que lui inspire cet épisode malheureux. Ce texte restera inédit : c'est plus tard, dans *La Duchesse de Langeais*, que Balzac transposera de façon romanesque l'aventure. En voulant marquer l'héroïne au fer rouge, le général de Montriveau vengera l'offense faite au lion enragé.

Mᵐᵉ de Berny sera-t-elle plus compréhensive ? Maternelle, elle le console ; reconnaissant, il dédie *Louis Lambert* à la Dilecta, mais déclare : « Je me dis qu'une vie comme la mienne ne doit s'accrocher à aucun jupon de femme et que je dois suivre ma destinée largement et voir un peu plus haut que les ceintures. »

❝Les cheveux abondants, longs, durs et noirs, se rebroussaient en arrière comme une crinière léonine.❞
Lamartine

❝Malgré les veilles de chaque nuit, la sclérotique en était pure, limpide, bleuâtre, comme celle d'un enfant ou d'une vierge, et enchâssait deux diamants noirs qu'éclairaient par instants de riches reflets d'or : c'étaient des yeux à faire baisser la prunelle aux aigles, à lire à travers les murs et les poitrines, à foudroyer une bête fauve furieuse, des yeux de souverain, de voyant, de dompteur.❞
Lamartine

1833 : «Saluez-moi, car je suis tout simplement en train de devenir un génie!»

Blessé dans son orgueil masculin, il convertit son amour bafoué en simples relations de politesse et se remet derechef et d'arrache-pied au travail. Un éphémère traité avec la *Revue de Paris* lui promet 500 francs par mois, mais il lui faut des sujets. Premier épisode de l'*Histoire des Treize*, *Ferragus* déploie pour des lecteurs tout disposés à se laisser fasciner les séductions d'une société secrète. Suivront *La Duchesse de Langeais*, donné à *L'Echo de la Jeune France* et *La Fille aux yeux d'or*, insérée dans les *Scènes de la vie parisienne*.

Vieillie, toujours indulgente, Mme de Berny (à gauche) continue de dispenser au volage un amour tout de générosité et d'abnégation. Certes, le désir de Balzac trouve à s'accommoder de fantasmes érotiques, dont *La Fille aux yeux d'or* témoigne par la description d'un boudoir sensuel ressemblant fort à celui du romancier lui-même, et qu'évoque ce tableau sensuel de Delacroix.

Le 28 février 1832, l'Etrangère adresse une première lettre à Balzac. Le 2 avril, «M. de B...» insère cet entrefilet dans *La Gazette de France.*

Le 12 octobre 1833, Balzac annonce à sa sœur qu'il est épris «d'une gentille personne, la plus naïve créature qui soit, tombée comme une fleur du ciel, qui vient chez moi en cachette, n'exige ni correspondance, ni soins et qui dit : Aime-moi un an, je t'aimerai toute ma vie.» Cette amoureuse s'appelle Maria du Fresnay, fille de la romancière Adèle Daminois et dont nous ne possédons que ce portrait à l'âge d'enfant (à gauche). Marie, leur fille, était née le 4 juin 1833. Peut-être Maria l'amante fournit-elle à Balzac le modèle d'Eugénie, qui aime son cousin d'un amour frais, naïf et intense semblable à celui de cette jeune femme qui avait le malheur de n'être pas comtesse.

De 1832 à 1836 se succèdent dans leur étonnante diversité les chefs-d'œuvre. Le succès se confirme avec *Eugénie Grandet*, confié à *L'Europe littéraire*, où l'un des principes du roman balzacien s'affirme : représenter la réalité en la dynamisant grâce à un petit nombre de protagonistes. Il n'y a plus de sujet privilégié, tout est sujet littéraire, tels l'or d'un tonnelier enrichi ou l'amour contrarié de sa pathétique fille. Désormais, chaque histoire vaudra par elle-même, mais chaque livre fera partie d'un système. Peinture des conditions et des milieux, analyse des passions, intrigue dramatique, Balzac trouve décidément sa manière. Il veut remplacer Byron, Walter Scott, Goethe, Hoffmann. Romancier sûr de lui, il devient père, grâce à Maria du Fresnay, la mystérieuse dédicataire d'*Eugénie Grandet*. La petite Marie vivra jusqu'en 1930. Mais il lui faudrait «une femme et une fortune» pour ne plus travailler sous l'éternel aiguillon des créanciers, pour ne plus perdre

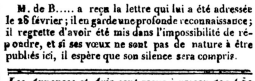

M. de B..... a reçu la lettre qui lui a été adressée le 28 février ; il en garde une profonde reconnaissance ; il regrette d'avoir été mis dans l'impossibilité de répondre, et si ses vœux ne sont pas de nature à être publiés ici, il espère que son silence sera compris.

Les Annonces et Avis sont reçus à raison de 1 f.50

GAZETTE DU LYONNAIS.

COURRIER DU MIDI.

Cette Gazette paraît à Lyon tous les jours, le lundi excepté. Prix : 18 fr. par trimestre. On s'abonne à Lyon, place de la Préfecture, n. 16, et à Paris, à l'Of-

Sur son testament, Balzac couche le nom de Mlle Marie du Fresnay (ci-dessous), sa fille, demeurant rue Saint-Lazare, n° 27, à laquelle il laisse son Christ de Girardon.

Étrangère

son temps à semer les huissiers, pour ne plus crouler sous le poids des factures.

De sa fertile et lointaine Ukraine, une femme de trente ans, Eveline Hanska, qui trompe son ennui en lisant les revues parisiennes et les œuvres de cette nouvelle gloire des lettres, M. de Balzac, fait transcrire et signer «l'Etrangère» une lettre à l'idole. Elle récidive le 7 novembre 1832, refuse toujours de dévoiler son identité, mais propose au romancier d'insérer quelques lignes dans *La Quotidienne* pour accuser réception. Ce qu'il fait le 9. Le 8 janvier 1833, Eve reçoit le numéro : *il* lui a répondu ! Désormais, elle prend elle-même la plume, en se défendant de désirer autre chose qu'une correspondance. Les lettres du maître sont adressées à la gouvernante de sa fille, et, dès la troisième, Eve peut lire : «Je vous aime, Inconnue.» Balzac, se conformant aux poncifs romantiques, s'invente un roman d'amour.

1834, l'année de tous les bonheurs : elle portait une robe de velours violet ; il va écrire les *Mille et Une Nuits* de l'Occident

Les Hanski voyagent vers l'Ouest. On ira à Neuchâtel. Balzac y vole pour rencontrer cet «ange chéri» qu'il n'a jamais vu. Il l'aperçoit ; elle porte sa couleur favorite! Eve échappe deux ou trois fois à la surveillance du baron, qui reçoit fort cordialement l'impatient Balzac. En septembre, sur les bords du lac, les petits yeux noirs et myopes se laissent voler un baiser. Après ce périple de reconnaissance, après la reprise d'une correspondance enflammée, ce sera Genève. En janvier 1834, un séjour de quarante-quatre jours (douze heures de travail quotidien, de minuit à midi, le reste pour la famille Hanski et l'intimité amoureuse avec l'Elue) doit contraindre l'ange à descendre sur terre. Fière d'être courtisée par le grand homme, mais aristocrate jusqu'au bout des ongles, celle dont les formes tendent déjà à l'opulence, et qui sait voir les faiblesses du comédien dans les poses alanguies ou exaltées, résiste tout en se glissant voilée dans sa chambre, où elle cède enfin au bout de quatre semaines: «Oh! les anges ne sont pas si heureux en Paradis que je l'étais hier!»

Le 11 février, il est de retour à Paris pour y trouver Mᵐᵉ de Berny agonisante et une invitation à l'ambassade d'Autriche. Il organise ses amours, il organise son travail. Le 26 octobre, ignorant encore la véritable ampleur de la tâche, il décrit l'œuvre à venir telle qu'elle se présentera en 1838: «Voilà l'œuvre, voilà le gouffre, voilà la matière.» Les *Etudes de mœurs*

Balzac et son inflammable Polonaise à «l'expression hautaine et lascive» s'offrent un vol nuptial au bord du lac Léman, malgré un mari «gros comme une tour» (à gauche). Quelque peu méfiant, le comte Wenceslas Hanski n'est pas disposé à montrer la même complaisance que le comte Walewski, l'époux de Marie qui, éperdue, s'était évanouie en 1807 dans les bras de Napoléon. N'était-ce pas pour la Pologne?

seront les effets, les *Etudes philosophiques* les causes, les *Etudes analytiques* les principes : «Ainsi l'homme, la société, l'humanité seront décrites, jugées, analysées, sans répétitions et dans une œuvre qui sera comme les *Mille et Une Nuits* de l'Occident.» Napoléon a eu sa Polonaise; il a la sienne, née Rzewuska. Il tient sa millionnaire, son «étoile Polaire». Les deux amants concluent un pacte en attendant que le maladif M. Hanski tire sa révérence. De plus, les éditeurs s'enhardissent. Il signe chez Werdet, qui promet 12 000 francs. Il accepte les offres de Mᵐᵉ Veuve Béchet et lui cède pour 30 000 francs les *Etudes de mœurs au XIXᵉ siècle*, une vraie collection à publier en douze volumes in-octavo et trois séries : *Scènes de la vie privée, de la vie de province, de la vie parisienne.* Jamais encore il n'avait obtenu pareil contrat, qui officialise son ambition.

Belle, élégante et spirituelle, Mᵐᵉ Veuve Charles Béchet avait gardé son nom de jeune fille. Elle était en réalité la veuve de Pierre-Adam Charlot, mort en 1829, avec qui elle exploitait la librairie de son père François-Julien Béchet, quai des Augustins. Elle se remariera en 1836 avec le minotier Jacquillat, et continuera de s'occuper de sa librairie jusqu'en 1860. Louise séduit Balzac. Hélas, ces excellents rapports ne dureront pas.

Après le triomphe du «Père Goriot» arrive 1836, catastrophique année de tous les excès

Il travaille comme un forcené. Les manuscrits s'empilent, d'anciens textes sont remaniés *(Les Chouans)*, les titres se succèdent, avec en particulier *La Recherche de l'absolu*, rédigé en cent nuits, l'intimiste *Lys dans la vallée*, le mystique *Séraphîta* et *Le Père Goriot*, publié en volume en mars 1835. Y apparaît le bandit Vautrin, inspiré par Vidocq que Balzac a rencontré. Le roman balzacien acquiert ici une nouvelle dimension, avec l'apprentissage de Rastignac, la mort pathétique du Christ de la paternité, le rôle initiatique des femmes, la dramatisation sociale. Et surtout le retour des personnages imaginés en 1833 devient véritablement système romanesque (ils seront 513 à réapparaître au moins une fois).

Le temps d'aller à Vienne en mai pour revoir Mme Hanska, d'y jouer au riche et de n'y pouvoir vaincre la vertu d'Eve, qu'il ne verra plus avant sept ans, et puis voilà 1836. Deux Laure malades, la sœur et la vieille maîtresse, Mme de Berny; son bon à rien de frère rentre ruiné des Indes, comme Charles Grandet, le frère d'Eugénie; la dette consécutive au désir de paraître atteint de nouvelles proportions : 140 000 francs! Payé d'avance, il doit fournir sa copie au terme d'une folle course contre la montre, qui ne ménage plus aucune plage de repos. Déjà, pour fuir les créanciers et les factions de la Garde nationale, il s'est

Parmi les notes prises par Balzac en 1834, se trouve l'indication *Sujet du père Goriot* : «Un brave homme; pension bourgeoise; 600 francs de rente; s'étant dépouillé pour ses filles, qui, toutes deux, ont 50 000 francs de rente, mourant comme un chien.» Il s'agit au départ d'une nouvelle, mais très vite, l'œuvre prend les proportions d'un roman. En octobre, il le définit dans une lettre à Mme Hanska : «La peinture d'un sentiment si grand que rien ne l'épuise, ni les froissements, ni les blessures, ni l'injustice; un homme qui est père, comme un saint, un martyr est chrétien.» En décembre, il ajoute : «*Le Père Goriot* est une belle œuvre, mais monstrueusement triste. Il fallait, pour être complet, montrer un *égout moral* de Paris, et cela fait l'effet d'une plaie dégoûtante.»

Les délices champêtres du château de Clochegourde sont peints par Balzac dans *Le Lys dans la vallée* (ci-dessus), au milieu d'une vallée heureuse, baignant dans une lumière dorée et le parfum des plantes.

réfugié dans une «retraite inabordable», rue des Batailles, à Chaillot, sous le nom de Mme Veuve Durand. Il laisse la rue Cassini à l'ami Jules Sandeau, qu'il y hébergeait – certains verront dans cette intimité des amours homosexuelles.

Sur la page de titre du manuscrit du *Père Goriot*, Balzac, obsédé par sa situation financière, aligne ses «comptes dramatiques». Il inscrit partout ces additions tourbillonnantes.

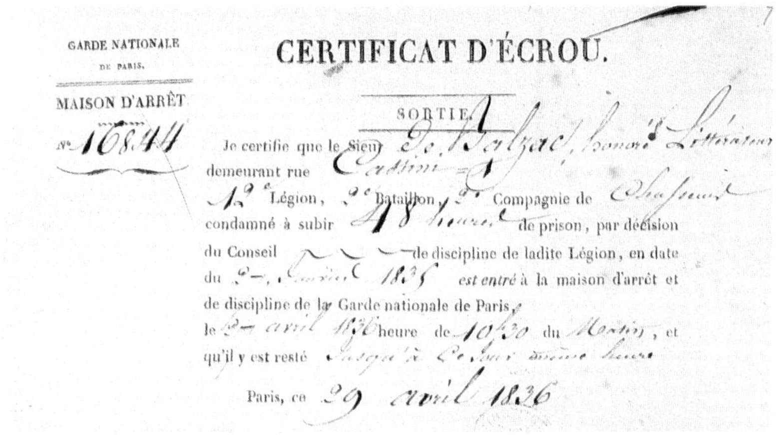

GARDE NATIONALE
DE PARIS.

CERTIFICAT D'ÉCROU.

MAISON D'ARRÊT

N° *168.44*

SORTIE

Je certifie que le Sieur *De Balzac, homme littéraire*
demeurant rue *Cassini* - *1*
12e Légion, *2e* Bataillon *,* Compagnie de *Chasseur*
condamné à subir *48 heures* de prison, par décision
du Conseil de discipline de ladite Légion, en date
du *2 Janvier 1835* est entré à la maison d'arrêt et
de discipline de la Garde nationale de Paris,
le *2 avril 1836* heure de *10 1/20* du *Matin*, et
qu'il y est resté *jusqu'à ce jour même heure*

Paris, ce *29 avril 1836*

Une malheureuse spéculation de presse avec la *Chronique de Paris*, un procès avec la *Revue de Paris* à cause du *Lys*, la nécessité de calmer les éditeurs, une arrestation à l'Hôtel des Haricots en compagnie d'Eugène Sue pour n'avoir pas voulu monter la garde : et pourtant sa prodigieuse activité lui permet de faire front, sans perdre le fil du grand œuvre, même si la «tête [lui] pend comme à un cheval las», même si son médecin l'avertit. A quoi bon ? Les mois à la campagne se passent sur le même rythme frénétique, dans l'ascèse que les lettres à Mme Hanska décrivent si complaisamment. De plus, pour Balzac, la trêve du labeur est débauche de prodigalité.

Une autre femme de trente ans est entrée en scène depuis 1835 : une blonde Anglaise à la chair généreuse, Sarah Lowell, comtesse Guidoboni-Visconti, rencontrée à l'ambassade d'Autriche, qui eut la primeur du boudoir de la rue des Batailles. S'explique peut-être ainsi la naissance de

Le 27 avril 1836, la police met la main au collet de Balzac recherché depuis longtemps pour avoir refusé de monter la garde, obligation imposée à tous les membres de la Garde nationale. Celle-ci possédait une maison d'arrêt, l'Hôtel des Haricots, située dans l'hôtel de Bazancourt, aujourd'hui disparu, rue des Fossés-Saint-Bernard. Ci-dessus, le certificat d'écrou de l'écrivain qui y fera bombance pendant sept jours. Il sort pour la naissance de son fils Lionel-Richard (à gauche).

Lionel-Richard le 29 mai. Sarah comptera pendant cinq ans. L'été se passe fort agréablement avec un voyage italien pour régler la succession de la mère du comte Visconti. Balzac ne s'y rend pas avec Sarah mais avec Caroline Marbouty – il l'a connue quelques années auparavant alors qu'elle s'ennuyait à Limoges.

Constellé de tampons, voici le passeport de Balzac, qui s'en fera délivrer un autre par le consul de France à Milan.

Le jeu des bonshommes - Nohant 1837 par Maurice S...
Balzac et George Sand comme spectateurs

En 1838, Balzac réside chez son amie de Nohant : «J'ai trouvé le camarade George Sand dans sa robe de chambre, fumant un cigare après le dîner, au coin de son feu, dans une immense chambre solitaire.»

Elle voyage déguisée en homme sous le nom de Marcel, pour que l'on ne jase pas jusqu'en Ukraine. On la prendra pour George Sand ! Mais l'ultime catastrophe reste à venir : la mort de Mme de Berny le 27 juillet, apprise au retour.

La fatigue mine le romancier, la plume reste infatigable

Cependant, l'œuvre continue, sans relâche. A partir d'octobre, le premier roman-feuilleton paraît dans *La Presse* de Girardin : c'est *La Vieille Fille*. En novembre, Balzac signe un traité avec Delloye et Lecou. Auteur et éditeur se partagent les bénéfices, et le romancier reçoit 50 000 francs d'avance. Et Balzac d'écrire, d'écrire. Il commence *Illusions perdues*. Déjà le gris apparaît dans les cheveux clairsemés. Déjà les vertiges le saisissent. Dix-sept années d'écriture ininterrompue, trente romans ; pourtant seuls quelques piliers de l'édifice sont dressés.

Et puis le besoin de jouissance se fait plus pressant. Alors la Bretonne Hélène de Valette traverse sa vie, alors il cherche à séduire

Louise, une correspondante inconnue, alors il fréquente les cocottes. Et sa belle Anglo-Italienne persuade son compréhensif mari de l'envoyer de nouveau au-delà des Alpes. A lui Milan, Venise et Florence ! Pendant tout un trimestre, il n'écrit pas, mais la sinistre réalité le guette à son retour : il faut impérativement écrire les pages promises – et payées – à *La Presse*. Et l'éditeur Werdet est en liquidation, alors que Balzac a garanti des traites ! C'est la curée des créanciers. Tous ses refuges sont éventés ; il se terre chez sa Contessa. La cellule monacale jouxte la chambre de sa belle maîtresse. Il achève notamment *La Maison Nucingen* et

La Femme supérieure (rebaptisée *Les Employés*). On le dénonce ; royale, son amante paie les huissiers.

Il peut se rendre en Touraine, louer une chambre à son tailleur à Paris et, pour 20 000 francs, y écrire *César Birotteau*, roman sur la faillite. Il peut ensuite visiter la Sardaigne en 1838, où il songe à exploiter des mines argentifères (toujours ces tentations affairistes pour faire fortune, toujours la chasse au trésor : trois mois de travail perdus) et retourner à Milan. Enfin, il tente sa chance au théâtre à Paris, lieu des consécrations fulgurantes et des fours cuisants – *Vautrin* s'effondre en 1840 au cours d'une unique représentation –, et écrit la première partie de

Représenté ici par Grandville rendant visite à Pierrefitte, en compagnie de Théophile Gautier, à l'acteur Frédérick Lemaître – qui interprétera Vautrin –, Balzac est de plus en plus menacé par la faillite, comme son héros César Birotteau (au centre). Il écrit ce roman à la fin de 1837 dans une chambre louée à Buisson, 108, rue de Richelieu. Il l'avait commencé plusieurs années auparavant à Issoudun, chez les Carraud. «J'ai conservé *César Birotteau* pendant six ans à l'état d'ébauche, en désespérant de pouvoir jamais intéresser qui que ce soit à la figure d'un boutiquier assez bête, assez médiocre, dont les infortunes sont vulgaires et symbolisent ce dont nous nous moquons beaucoup : le petit commerce parisien. Eh bien ! dans un jour de bonheur, je me suis dit : il faut le transformer en en faisant une image de la probité.» Le roman fut offert gratuitement aux abonnés de *L'Estafette* et du *Figaro* qui en évoque la genèse et décrit les épreuves corrigées par l'écrivain, qui «renvoie deux feuilles de pur chinois... Deux nouvelles feuilles arrivent très lisiblement écrites en siamois.»

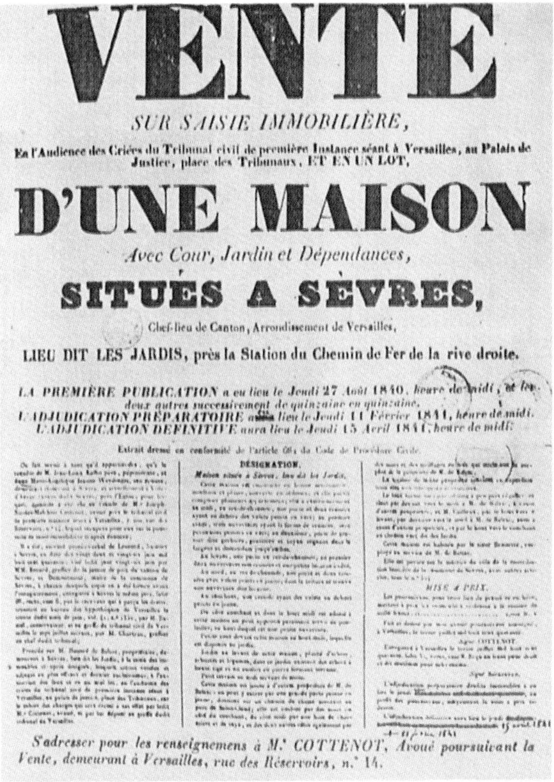

VENTE

SUR SAISIE IMMOBILIÈRE,

En l'Audience des Criées du Tribunal civil de première Instance séant à Versailles, au Palais de Justice, place des Tribunaux, ET EN UN LOT,

D'UNE MAISON

Avec Cour, Jardin et Dépendances,

SITUÉS A SÈVRES,

Chef-lieu de Canton, Arrondissement de Versailles,

LIEU DIT LES JARDIS, près la Station du Chemin de Fer de la rive droite.

LA PREMIÈRE PUBLICATION a eu lieu le Jeudi 27 Août 1840, heure de midi, et les deux autres successivement de quinzaine en quinzaine.

L'ADJUDICATION PRÉPARATOIRE a eu lieu le Jeudi 11 Février 1841, heure de midi.

L'ADJUDICATION DÉFINITIVE aura lieu le Jeudi 15 Avril 1841, heure de midi.

Extrait dressé en conformité de l'article 684 du Code de Procédure Civile.

DÉSIGNATION.

Maison située à Sèvres, lieu dit les Jardis.

MISE A PRIX.

S'adresser pour les renseignemens à M.e COTTENOT, Avoué poursuivant la Vente, demeurant à Versailles, rue des Réservoirs, n.° 14.

Splendeurs et misères des courtisanes parmi de multiples œuvres dont *Béatrix* et *Le Curé de village*. Frénésie de la production, apparente dispersion – apparente seulement : *La Comédie humaine* se construit vaille que vaille – dispersion où se détache, puisqu'il faut choisir, ce qui deviendra la seconde partie d'*Illusions perdues*. *Un grand homme de province à Paris*, l'histoire exemplaire de Lucien de Rubempré, est mis en vente en juin 1839 chez Souverain, le nouvel éditeur de Balzac.

1837-1840 : la folie des Jardies ou Waterloo à Sèvres

Mais la grande affaire, c'est le rêve immobilier. Comme toutes les folies balzaciennes, celle-ci est

Le 26 juillet 1838, Balzac annonce à Mme Hanska : «Sachez que je suis établi pour toujours à Sèvres, et que mon bouge s'appelle *Les Jardies*; ainsi, *à M. de Balzac, aux Jardies, à Sèvres*, est et sera pour longtemps mon adresse.» Entre le 16 septembre 1837 et le 21 juin 1839, il achète dix-sept pièces de terre, deux maisons, et en fait construire une troisième (en bas, à droite). Il n'habitera réellement qu'en juin 1838 dans ce «bungalow californien» (M. Bardèche), trop haut, trop étroit, bien incommode. Sur les murs, il indique la place des tableaux de maître qui orneront l'enchanteresse villa. Il y reçoit fastueusement ses amis, et Victor Hugo s'y rendra en juillet 1839, alors que Balzac doit hypothéquer sa propriété. Suivront les saisies (ci-contre). Il charge l'avoué Sylvain Gavaud, qui avait déjà réglé l'adjudication initialement si favorable, de le défendre contre la meute des créanciers. «J'étais sans argent, mais sans argent exactement, il pleuvait à torrents et j'allais à pied de Passy à mes affaires, trottant le jour et écrivant la nuit. Je ne suis pas devenu fou, je suis tombé malade.»

Souvenirs de Balzac à Ville-d'Avray – 1860

d'abord raisonnable. Il veut son Ferney, ou son Montmorency. Pour mieux l'observer, il souhaite s'éloigner de Paris où on l'attend trop, où on le traque. Depuis septembre 1837, il achète des terrains sur les collines de Sèvres, d'autant plus que le chemin de fer doit passer au-dessous de sa propriété. Et puis pourquoi ne pas planter des arbres fruitiers, créer une plantation d'ananas qui rapporterait... oh! au moins 400 000 francs? Sur les 4 000 mètres carrés, il fait construire Les Jardies, jetant dans ce gouffre 100 000 francs qui portent sa dette à 233 000 francs (peut-être de 5 à 6 millions actuels).

En novembre 1840, il doit liquider à perte Les Jardies que vient de quitter la Contessa, excédée à la fin par toutes ces histoires d'argent.

Il s'installe alors à Passy, dans une maison cachée dans un bas-fond. Mais elle dispose d'une issue pour faciliter les retraites stratégiques devant les assauts de la Dette.

Cette aquarelle de Paul Chardin représente Balzac et ses amis costumés en paysans un jour de fête à Ville-d'Avray. On reconnaît Gozlan, rencontré pour la première fois chez Mme Veuve Béchet, Laurent-Jan, un autre «lion», Gavarni, et, peut-être, Théophile Gautier.

Il y passera six années. C'est la Maison de Balzac sise rue Raynouard, que gouverne une servante-maîtresse, «terre-neuve» de quarante ans. Balzac l'appelle Louise de Brugnol; elle se nomme Philiberte-Jeanne-Louise Breugnot. Cette femme de charge pour écrivain célibataire avait fait ses premières armes avec Latouche (résultat : deux enfants). Enfin une liaison quasi conjugale qui n'interfère pas avec la tâche à accomplir !

De l'engagement dans le monde réel à la signature pour «La Comédie humaine» : l'Empire est fondé

L'année 1839 égrène l'affaire Peytel, la présidence de la Société des gens de lettres et le désistement en

Balzac et Peytel sont d'anciennes connaissances. Ils furent tous deux témoins au mariage d'Emile de Girardin. Sous le pseudonyme Louis Benoît, jardinier, Peytel publie en 1832 une *Physiologie de la poire*, violent pamphlet contre Louis-Philippe. Balzac, convaincu de l'innocence de son ami arrêté pour meurtre, rédigera une *Lettre sur le procès de Peytel*, publiée dans *Le Siècle*. Il a lui-même dessiné «Gavarni faisant la nique au bourreau» (ci-contre).

Code Littéraire

proposé par Mr. De Balzac

Mai, 1840.

Dans «La Grande Course au clocher académique» (caricature de Grandville, où l'on voit «le plus fécond de nos romanciers» «soutenu et couronné par des femmes qui avaient trente ans il y a dix ans»), Balzac sera toujours battu. 1844 verra même l'élection de Sainte-Beuve, son plus grand ennemi. La vénérable institution se prive donc d'un des meilleurs défenseurs de la profession des lettres. Dès le 1er novembre 1834, il avait publié dans la *Revue de Paris* une *Lettre aux écrivains du XIXe siècle*, où il appelait à l'action et à l'union. Reprenant cette idée, le journaliste Louis Desnoyers réunit quelques auteurs, qui fondent la Société des gens de lettres, officiellement constituée le 16 avril 1838. Balzac y adhère en décembre, et en devient président le 16 août 1839, inaugurant son règne le 18 août par une lettre sur la propriété littéraire parue dans *La Presse*. En effet, le pillage des œuvres par les reproductions abusives et les contrefaçons sévissait. Quoique intéressantes, ces initiatives mettent un terme à sa remuante présidence. Victor Hugo lui succède le 9 janvier 1840.

faveur de Victor Hugo à l'Académie française.

Le 30 août est condamné à mort Peytel, un notaire accusé d'avoir assassiné sa femme et son domestique à Belley, dans l'Ain. Balzac le connaissait; son ami, le dessinateur Gavarni, sollicite son aide. Ce sera son affaire Calas. Il échoue, et Peytel est exécuté.

Par ailleurs, au nom des gens de lettres, il défend la propriété littéraire. En 1840, Balzac rédige son *Code littéraire* dont il donne lecture à la 69e séance du Comité de la Société. Il servira de base pour un projet de contrat d'édition déposé au Parlement en… 1936.

Stendhal (ci-dessous), que Balzac appelle curieusement Frédéric dans sa recension de *La Chartreuse de Parme*, vouait un véritable culte à Napoléon, dont il entreprit de rédiger une *Vie*, qu'il ne terminera jamais. Il conclut son *Autobiographie* de 1837 par cette ligne : «Beyle respecta un seul homme : Napoléon.» En 1838, Balzac, toujours à court d'argent, mais qui fait dire au colonel Chabert : «Notre soleil s'est couché. Nous avons tous froid maintenant», vend pour 4 000 francs à un certain Gaudy des *Maximes et pensées de Napoléon*, que ce jeune bonnetier publie sous son nom en 1839. Pour le composer, Balzac a puisé dans un livre de cuisine où il notait depuis sept ans toutes les pensées de l'Empereur, «une des plus belles choses de ce temps-ci».

Si 1839 avait été prolifique, la production semble se tarir en 1840. Tout est relatif : il publie *Z. Marcas*, *Pierrette*, d'autres titres encore, et ébauche bien des manuscrits. Cette même année voit le lancement de la *Revue parisienne*, dont Balzac est le propriétaire et le rédacteur. Elle s'effondre après trois numéros, mais y paraît le célèbre article sur *La Chartreuse de Parme*.

Puis c'est la féconde année 1841. Une mitraillade de nouvelles productions atteint le public ; Balzac signe le 14 avril un traité pour l'édition de ses œuvres complètes avec Paulin, Hetzel, Dubochet et Sanches. Furne remplace ce dernier le 2 octobre. *La Comédie humaine* est désormais officialisée, avec 3 500 francs de droits pour chaque volume, payables après vente, et 15 000 d'avance. Dès juin 1839, une lettre à l'éditeur Hetzel comportait la première mention de ce titre génial et général. Au Salon de 1842, un portrait consacre le grand homme, alors que paraît la première livraison de *La Comédie humaine*.

Les mots magiques s'étalent dans les journaux, sur les affiches, sur la couverture des livres de M. de Balzac.

Le Napoléon des Lettres pose pour un daguerréotype, une main sur la poitrine, dans l'échancrure de la chemise largement ouverte, comme l'Autre la glissait dans son gilet, sur l'estomac. Le XIXᵉ siècle a trouvé son secrétaire au regard aquilin. Et puis l'année avait si bien commencé ! Le 5 janvier, il reçoit une lettre bordée de noir : ô joie, M. Hanski est mort !

Vers l'époque où il cède à la daguerréotypomanie, Balzac, selon Gautier, recommande une chasteté absolue aux écrivains. Concédant une demi-heure chaque année à la personne aimée, il permet les lettres : «cela forme le style»...

Le 29 juillet 1843, Balzac arrive à Saint-Pétersbourg. Il en revient le 3 novembre, avec un violent mal de tête : c'est une méningite chronique. Hercule commence à succomber sous le poids de ses travaux. La perspective du bonheur et le délabrement corporel vont désormais conjuguer leurs effets. Pourtant le Napoléon des lettres signe encore quelques belles victoires dans cette campagne de Russie qui le conduit à nouveau chez Eve Hanska en septembre 1847.

CHAPITRE III
L'EMPIRE DE LA PASSION

Mme Hanska est peinte par Daffinger en 1835. «Nous sommes belle par admiration, nous possédons les plus beaux cheveux du monde» (Balzac à sa sœur, 1833). Et les petits cadeaux (ci-contre, un nécessaire à écrire) entretiennent la flamme.

La Comédie humaine.

OEUVRES COMPLÈTES

DE M.

DE BALZAC

ÉDITION DE LUXE ET A BON MARCHÉ.

VIGNETTES

PAR

Tony-Johannot,
Gavarny,
Messonnier,
Corentz,
Gérard-Séguin,
Perlet, etc.

12 VOLUMES IN-8°,

Chaque volume contiendra 30 feuilles et 8 gravures à part du texte.

ET SERA PUBLIÉ EN 10 LIVRAISONS A 50 CENT.

ON SOUSCRIT ICI.

Balzac connaît admirablement les problèmes de l'écrivain confronté aux réalités éditoriales. Lucien de Rubempré, le héros d'*Illusions perdues*, est par certains côtés un prolétaire de l'industrie littéraire victime des lois du marché.

Conclu pour huit ans, à l'expiration desquels Balzac recouvrait la propriété de son œuvre, le traité signé avec Furne est avant tout un succès de prestige pour Balzac. L'édition devait être tirée en deux ou trois fois à sept mille exemplaires, chiffre plus important que les tirages habituels du romancier. Sur chaque volume, l'auteur recevait 50 centimes, ce qui lui assurait 3 500 francs par volume de la collection, mais payables après vente, ce qui réduisait beaucoup la portée des promesses. Les droits par exemplaire vendu devaient lui être payés lorsque la vente totale des différents titres aurait atteint 40 000 exemplaires (soit 2 500 par titre environ). En même temps, Balzac conservait la liberté de contracter pour les œuvres nouvelles, incorporables à *La Comédie humaine* après deux ans d'exploitation en feuilleton dans les journaux, puis chez Souverain.

1842 : l'entreprise Balzac tourne à plein rendement. Malgré l'évidente part d'improvisation dans la genèse des œuvres, qui va cependant de pair avec la conception d'un ensemble romanesque, malgré le rôle joué par les contrats d'édition successifs dans l'organisation du chantier, en dépit des contraintes imposées par la Dette, cette hydre, et les délais à respecter, ce carcan, *La Comédie humaine* a trouvé son architecture.

Mais un véritable séisme rend son élaboration encore plus frénétique. La lettre de Mme Hanska semble rendre enfin possible ce bonheur dont Balzac a toujours rêvé. Il faut le mériter, consolider l'empire romanesque et accroître le prestige. A vrai dire, il sera désormais littéralement possédé par cette idée fixe de l'amour, comme tel ou tel de ses personnages obsédés. Mais il devra attendre dix-huit mois avant de pouvoir se rendre à Saint-Pétersbourg. Dans cette attente précise, comme dans les années qui la

Si Balzac ne fut jamais incarcéré pour dettes à Clichy (ci-contre «La Sortie du débiteur» par Bénard), son ami Gavarni n'hésita pas à publier une lithographie fort ressemblante (ci-dessous). La légende porte : «Vous le voyez, le chagrin ne m'aigrit pas! et je donnerai un conseil à mes créanciers, dans leur intérêt : s'ils veulent me tirer d'ici, qu'ils se hâtent, car on ne pourrait bientôt plus me passer par la porte.»

précèdent, comme dans les mois qui suivent, ahanantes, chaotiques, les journées sont toujours semblables, malgré les vicissitudes.

Une journée particulière comme des milliers d'autres

Huit heures du soir. Après seize ou dix-sept heures passées à sa table de travail, Balzac dort enfin, pendant que Paris court à ses plaisirs. Minuit. Paris rêve. Un coup discret à la porte, Balzac s'éveille. Sa journée commence, inaugurée par huit à dix heures de quiète solitude, avant que les créanciers ne le harcèlent, que les visiteurs ne l'importunent, que le courrier n'arrive, apportant sa provende de factures et de

relances d'éditeurs mais où brillera peut-être une lettre timbrée de Russie. «Il m'est impossible de travailler quand je dois sortir et je ne travaille jamais seulement pour une ou deux heures.» Bénie soit la nuit !

Il met son froc, une longue robe blanche de cachemire l'hiver, de toile l'été. Dans sa cellule, il s'habille en moine. Il noue le cordon tressé (bientôt ce sera une chaîne d'or) où pendent en guise de scapulaire ciseaux et coupe-papier. Le domestique apporte les chandeliers d'argent, rabat les rideaux pour noyer dans les ténèbres le monde extérieur. Le culte du labeur peut commencer. La chambre se peuple des créatures de l'imagination que Balzac tire de sa propre substance.

Tel Bonaparte devant ses cartes d'état-major, tel Napoléon signant ses décrets, Balzac s'assoit à cette table rectangulaire «où [il] jette sa vie comme l'alchimiste son or dans le creuset».

C'est toujours la même table, déménagée d'une maison à l'autre : «Elle a vu toutes mes misères, connu tous mes projets, entendu toutes mes pensées, mon bras l'a presque usée à force de s'y promener quand j'écris.» A gauche, un tas de feuilles blanches légèrement bleuâtres, d'un papier choisi avec amour, suffisamment lisse pour laisser la plume de corbeau – jamais d'oie – glisser à son rythme rapide. Un encrier, celui de ses années

Dans sa célèbre cafetière-veilleuse (ci-contre), Balzac prépare sa drogue, cette «décoction savante, subtile, divine, qui était à lui comme son génie» (Léon Gozlan). «Ce café se composait de trois sortes de grains : Bourbon, Martinique et Moka. Le Bourbon, il l'achetait rue du Mont-Blanc, le Martinique, rue des Vieilles-Haudriettes, chez un épicier qui ne doit pas avoir oublié sa glorieuse pratique; le Moka, dans le faubourg Saint-Germain».

estudiantines – on lui en a offert un en malachite, mais il n'en use guère –, et une réserve d'encre. A droite, le carnet où sont recueillies les idées. En route pour l'aventure de l'écriture. Elle ne cessera qu'avec la crampe ou le brouillage de la vision, parfois au bout de huit heures d'affilée.

«Le café tombe dans votre estomac, dès lors tout s'agite : les idées s'ébranlent comme les bataillons de la Grande Armée»

Quand il n'en peut plus, quand le sang bat à ses tempes, quand son dos le martyrise, Balzac se lève. C'est la pause café. «Le tabac détruit le corps, attaque l'intelligence et hébète les nations», mais le café! C'est l'huile dont a besoin cette extraordinaire machine : «Les souvenirs arrivent au pas de charge, enseignes déployées; la cavalerie légère des comparaisons se développe par un magnifique galop; l'artillerie de la logique accourt avec son train et ses gargousses; les traits d'esprit arrivent en tirailleurs; les figures se dressent, le papier se couvre d'encre car la lutte commence et finit par des torrents d'eau noire, comme la bataille par sa poudre noire.» Sa cafetière, c'est son talisman. Il lui en faudra toujours plus, de cet épais poison noir, et ses effets seront de plus en plus brefs : «Le temps que durait jadis l'inspiration produite par le café diminue; il ne donne plus maintenant que quinze jours d'excitation à mon cerveau, excitation fatale, car elle me cause d'horribles douleurs d'estomac», avouera-t-il en 1845. Voilà le résultat de cinquante mille tasses d'un breuvage surpuissant.

Dans la Maison de Balzac de la rue Raynouard (ex-rue Basse), l'adorateur du culte balzacien peut rêver en contemplant son cadenas-encrier, le moulage de sa main, et sa table de travail. A l'époque, il existait une maison en façade, aujourd'hui démolie, dans laquelle on pénétrait tout d'abord. On descendait un escalier, et après avoir traversé une petite cour, on arrivait dans la retraite où l'écrivain passera six années.

Huit heures du matin : Auguste apporte un léger déjeuner. C'est le moment du premier repos. Paris s'éveille et s'agite. Un bain chaud d'une heure va détendre l'écrivain fourbu. Puis commence le défilé des émissaires dépêchés par les imprimeries. On vient prendre livraison d'un manuscrit, on livre des épreuves ; parfois cinq ou six douzaines de placards

vont requérir une lecture minutieuse : «Je me repose d'un travail dans un autre.»

L'apparition du matin sur les boulevards parisiens (ci-dessus par Isidore Dagnan en 1834) marque la fin du labeur nocturne. A Saché, Balzac travaille de 2 heures du matin à 17 heures.

Excédés par les corrections, les typographes refusent de «faire plus d'une heure de Balzac» par jour

Pour Balzac, une épreuve est un brouillon. En relisant, il réécrit. Il exige des imprimeurs qu'ils lui remettent des feuilles en double format pour laisser autour du texte des marges suffisantes qui accueilleront modifications et ajouts. Et pas de papier jaunâtre, du papier blanc pour ne pas fatiguer les yeux. Alors, la plume furieuse sabre le placard, bouleverse la page. A court de place, Balzac colle des béquets. Couvertes d'hiéroglyphes, les épreuves reprennent le chemin de l'imprimerie. Seuls les plus

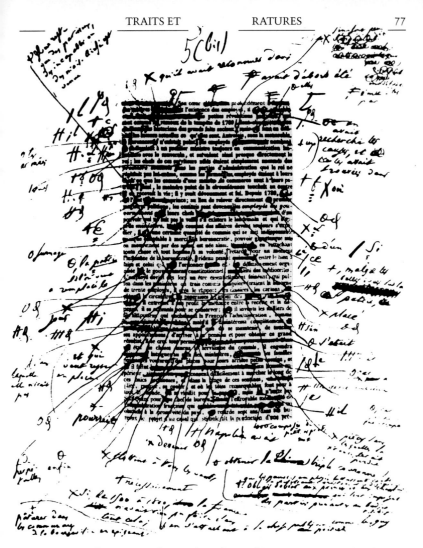

expérimentés des typographes, rôdés à la machine
Balzac, peuvent les déchiffrer. Mais même pour
un double salaire, ils ne peuvent y consacrer plus
d'une heure d'affilée. Et le cirque infernal continue.
Deux fois, trois fois, Balzac corrige, coupe, greffe :
une véritable charge de cavalerie à la Murat !

Le croirait-on? cette épreuve corrigée d'une page de *La Femme supérieure* est loin d'être l'une des plus chargées!

César Birotteau

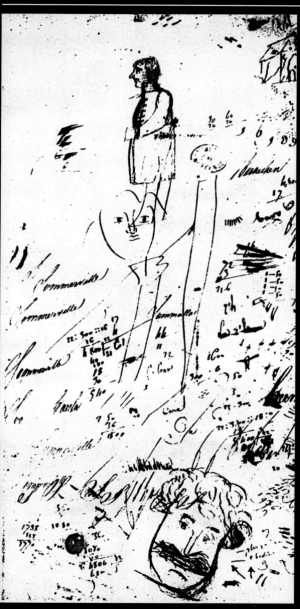

Tours, détours et divagations de la plume

Les manuscrits de Balzac laissent deviner le travail de sa pensée, dont les multiples fils s'entrecroisent : idées saisies au vol, titres, noms, croquis, chiffres d'aspect cabalistique, et surtout comptes sans cesse refaits. La tête (ci-contre, en bas) pourrait bien être un autoportrait. Tracée en «belle anglaise inclinée, appliquée, serpentine» (Suzanne Bérard) sur une de ces feuilles bleuâtres que Balzac numérotait à l'avance, la page de titre des *Illusions perdues* (page suivante) date d'un séjour à Saché en juin 1836. Certains noms de personnages se lisent sous les rayures et les hachures. Trois têtes caricaturées, une grenade enflammée, des esquisses de profil, des inscriptions calligraphiées, des titres rayés se disposent au hasard de l'espace. Vers mai 1843, Balzac, revenant à son intention première, écrit sur une épreuve la dédicace à Victor Hugo. En effet, indigné par certains commentaires méprisants de ce «grand écrivain et petit farceur», il l'avait remplacé par Hector Berlioz, finalement rayé.

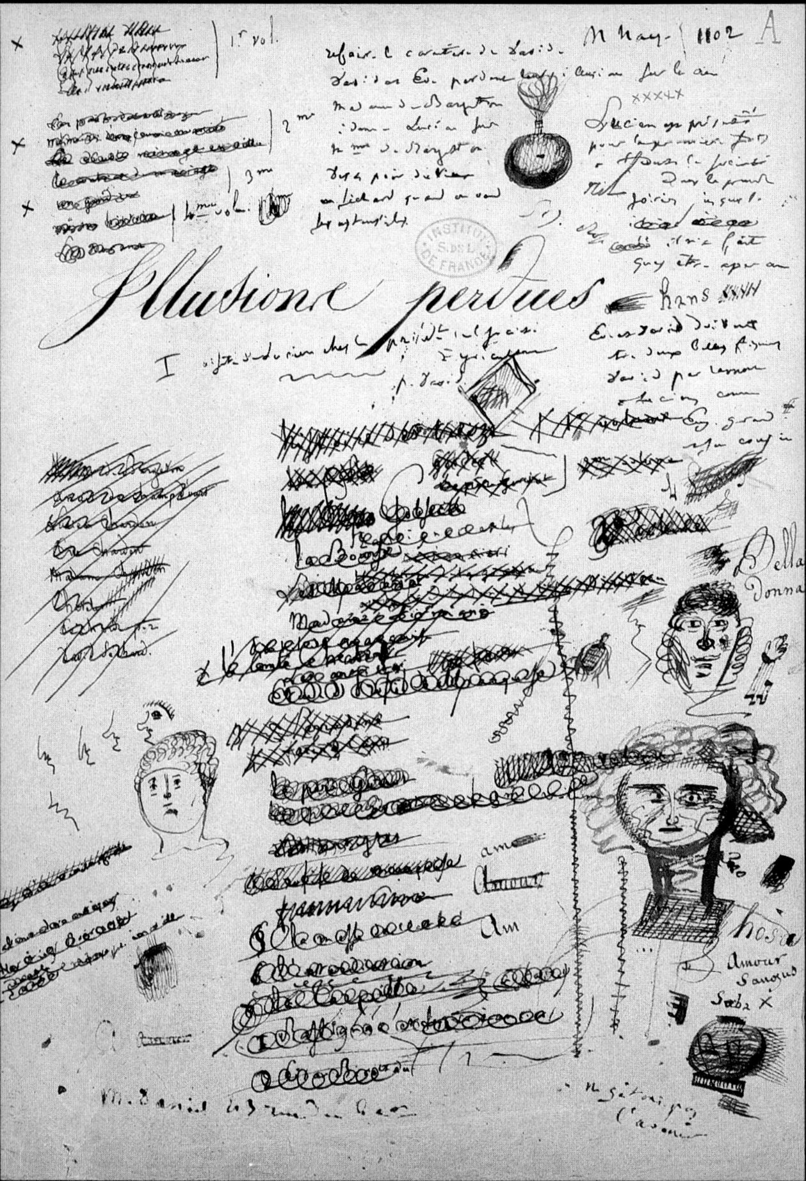
A
1er vol.
2me
3me
4me vol.
INSTITUT S. DS L. DE FRANCE
Illusions perdues
I
Bella
Donna
Amour
Amour

DEUXIÈME LIVRE,

SCÈNES DE LA VIE DE PROVINCE.

ILLUSIONS PERDUES.

À ~~MONSIEUR HECTOR BERLIOZ.~~ *Victor Hugo*

Votre

DE BALZAC.

PREMIÈRE PARTIE.

LES DEUX POÈTES.

A l'époque où commence cette histoire, la presse de Stanhope et les rouleaux à distribuer l'encre ne fonctionnaient pas encore dans les petites imprimeries de province. Malgré la spécialité qui la met en rapport avec la typographie parisienne, Angoulême se servait toujours des presses en bois, auxquelles la langue est redevable du mot *faire gémir la presse*, maintenant sans application. L'impri-

Puis, à la cinquième, la sixième ou la septième fois, il se contente de changer des lignes, et enfin des mots. Parfois, il lui faut quinze, voire seize épreuves.

Pour comprendre son labeur, il faut imaginer que chacun des 74 romans, chacun des contes, chacune des nouvelles a été écrit en moyenne sept à dix fois. Mais jamais Balzac ne voudra, ne pourra travailler autrement. Cette «cuisine littéraire», c'est son honneur d'écrivain. Il collationne soigneusement tous les placards, cette mémoire du livre achevé, les fait relier (2 000 pages) et fait royalement – impérialement même – don de ces terribles pages où il a passé ses nuits : «Je ne donne jamais ces choses qu'à ceux qui m'aiment.» Il les offrira aux femmes de sa vie, aux amis les plus proches.

«Quand je n'écris pas mes manuscrits, je pense à mes plans, et quand je ne pense pas à mes plans et ne fais pas de manuscrits, j'ai des épreuves à corriger. Voici ma vie»

Trois à quatre heures de corrections, et arrive l'heure du repas : un œuf, une tartine beurrée ou du pâté. Gros mangeur en temps de repos, adorateur de Lucullus, Balzac reste frugal quand il écrit. Puis il se remet à la besogne. Outre les manuscrits à continuer, les esquisses à tracer, les épreuves à terminer, il y a les lettres à expédier. Vers cinq heures, il s'arrête enfin. Dîner, recevoir un ami, se coucher pour s'endormir d'un profond sommeil. Demain est un autre jour de peine. Il ne peut se passer de travailler, quand bien même il en rêve parfois.

Bien rares seront les plages de vraie détente, les voyages sans manuscrit dans les bagages. Vingt années de chaîne, sans jamais un secrétaire. Vingt années où il accomplit lui-même toutes ses démarches, tous ses actes d'affaires, tous ses achats. Quand il ne s'effondre pas une fois la tâche accomplie, il rend visite au monde aboli depuis des

Autour d'un titre calligraphié en tête de manuscrit (ci-dessus), Balzac dispose des noms, lisibles ou griffonnés, jetés sur le papier dans une «extase de la conception voilant les déchirantes douleurs de l'enfantement»?

D ans les soirées mondaines ou d'artistes (ci-contre par Henri Montaut), Balzac rencontre les autres célébrités de la scène littéraire, tel Musset, que Gautier représente de dos en compagnie de Balzac (ci-dessous). Après avoir demandé «des mots au silence, des idées à la nuit» (*Les Proscrits*, 1831), Balzac aime ces moments intenses : «La Société parée, frisée, musquée se laissait aller à une folie de fête qui portait au cerveau comme une fumée capiteuse. Il semblait que de tous les fronts, comme de tous les cœurs, il s'échappât des sentiments et des idées qui se condensaient et dont la masse réagissait sur les personnes les plus froides pour les exalter» (*Une fille d'Eve*, 1838-1839).

33

semaines. A la débauche d'énergie succèdent alors d'autres excès : parade salonnarde, dépenses inconsidérées, pavane du paraître. Le géant pataud s'ébroue en société, suscitant sur son passage fracassant le rire des médiocres. Comment pourraient-ils comprendre ce Titan? Même s'il sourient, les grands mesurent, eux, sa vraie stature. Ils savent que ce démon du roman a su créer la mythologie du monde moderne. Mais Hercule aussi fut amoureux, et l'Omphale de Balzac se prénomme Eve.

«Dans dix-huit mois, dans deux ans, nous serons heureux»

Dix-huit mois à tenter de convaincre Mme Hanska, qui rechigne à quitter son immense domaine et son enracinement social. Comment persuader une aristocrate russe qu'elle peut en toute quiétude épouser un romancier français endetté jusqu'au cou ?

Beaucoup de balzaciens n'aiment guère cette femme de... quarante ans. D'autres la révèrent. Peu importe : elle fut ce qu'Honoré imagina qu'elle devait être. Mme Hanska est un rêve balzacien. Noble, riche, elle fixe son énergie amoureuse. «Chaque lettre de toi me rend fou de bonheur.» Il ne feint pas la passion, il la clame. Deux courriers hebdomadaires pour décliner «ce que j'aime en toi», pour chanter son cœur infini de tendresse, son esprit, sa bonne chair, le plaisir éprouvé mille fois de ses regards, de ses mouvements, des voyages si longtemps désirés pour voler quelques semaines de plénitude, des caresses à la dérobée, des bonheurs furtifs : l'investissement balzacien est énorme. Ce fut sa plus ruineuse spéculation, mais aussi celle qui lui procura le plus de joies. Envoûté, Balzac s'ensorcelle lui-même. A la motivation démiurgique, l'amour ajoute la sienne. Cette consommation fantasmatique décuplée consumera le génie. Envahisseur désiré, Eve l'occupe et son image s'inscrit sur toutes les pages qu'il noircit. Alors, il veut parfaire sa conquête en peaufinant sa propre image.

Il tente vainement sa chance à cette Académie qui le repoussera toujours. Il renouvelle ses tentatives théâtrales, et prépare soigneusement la première des *Ressources de Quinola*. Il convainc le directeur de l'Odéon de lui confier la vente des billets, et fait

C'est peut-être dans *Honorine*, écrit fin 1842, que l'on trouve les plus belles pages qui, à travers la passion d'Octave pour l'héroïne, évoquent celle d'Honoré pour Eve (ci-dessous vers 1850) : «Je veux mettre mon idole dans un nouveau temple où elle puisse croire à une vie entièrement nouvelle. On travaille à faire de cet hôtel une merveille de goût et d'élégance. On m'a parlé d'un poète qui, devenu presque fou d'amour pour une cantatrice, avait, au début de sa passion, acheté le plus beau lit de Paris, sans savoir le résultat que l'actrice réserverait à sa passion. [...] Trois jours avant l'arrivée de Marie-Louise, Napoléon s'est roulé dans son lit de noces à Compiègne... J'aime en poète et en empereur!»

Madame la Comtesse
Eveline de Hanska
née Ctss. Rzewuska 18
à Radziwiloff 30
Empire Russe
par Forbach et Brody.

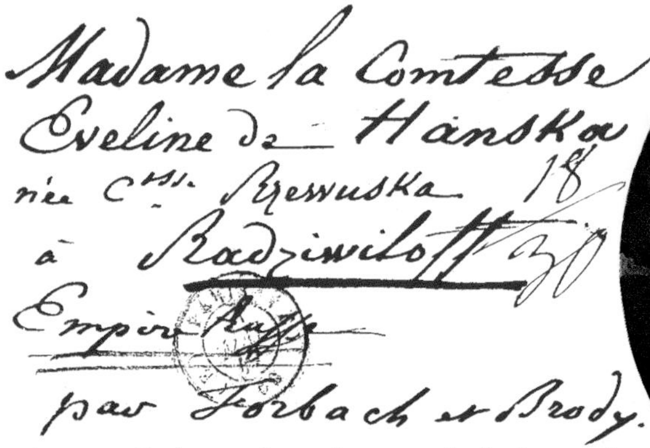

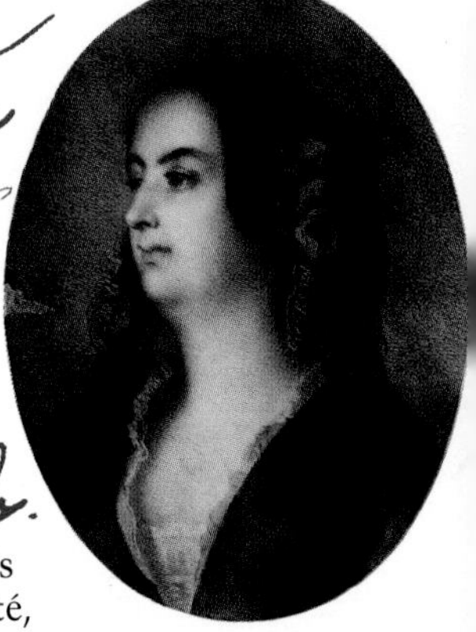

courir le bruit que tout est loué afin d'accréditer la rumeur qui fait de cette pièce un événement exceptionnel. Le 19 mars 1842, la salle est évidemment aux trois quarts vide, les spectateurs ayant préféré attendre! On dépêche en hâte des claqueurs, on distribue des places gratuites. C'est un four. Il ne reste plus qu'à écrire d'autres romans...

L'Odéon venait de rouvrir fin 1841. Il fallait à ce théâtre délaissé par le public un succès qui apportât une subvention. Le nom de Balzac séduisit, d'autant que la célèbre Marie Dorval devait jouer. La pièce n'aura que vingt représentations.

Le 21 juillet 1843, il s'embarque à Dunkerque sur le *Devonshire*. Eve l'attend à Saint-Pétersbourg, dans le quartier aristocratique

Le travail de la passion ne ralentit aucunement celui de la plume. Trois tomes de *La Comédie humaine* paraissent en 1842, trois autres en 1843, au prix d'incessantes relectures d'épreuves. Mais l'atelier Balzac fourmille d'autres projets, notamment pour trouver l'argent nécessaire au voyage pétersbourgeois. Outre *Une ténébreuse affaire* et *La*

Second Théâtre-Français.
ODÉON.

1re REPRÉSENTATION
DE

LES RESSOURCES DE QUINOLA.

STALLES D'ORCHESTRE.

Nº 120

Il faudrait pouvoir trouver moyen de faire de ça une histoire qui n'ait pas l'air d'avoir précisément été faite pour autre chose que mon livre ". Cela me paraît très possible, et [je] m'en chargerai, si vous ne pouvez vous en charger. On peut donner à la chose l'air d'être du tout, au lieu d'être un chapitre

Rabouilleuse, d'autres chefs-d'œuvre sortent en volumes. Il traite avec la presse, et même avec un banquier.

J [ules] He [etzel]

Et Hetzel, éditeur de Balzac depuis octobre 1841, d'appeler au secours, réclamant un roman pour le sixième volume de la *Comédie*, trop court ! Et Balzac de répondre : «Il faut le faire en quinze jours et il faut en tirer parti dans un journal et dans la librairie pour ne pas perdre les deux prix que j'ai de mes ouvrages, c'est-à-dire [...] travailler et faire des affaires.»

L'urgence le tenaille. Fièvre nerveuse, étourdissements : le délabrement physique devient de plus en plus apparent. La machine repart nonobstant. Entre mai et juillet 1843, ajoutant une bouteille de bordeaux, puis une de porto à la quotidienne bouillie de café, il achève la troisième partie d'*Illusions perdues*, écrit la deuxième de *Splendeurs et misères*…

Enfin, il peut s'embarquer pour la Russie. Logé chez une «bonne femme», dans une maison où pullulent les punaises, il est victime du froid diplomatique qui règne alors entre le tsar et le roi bourgeois. Avec ses longs cheveux coiffés à la moujik, il fréquente peu les salons huppés, d'ailleurs désertés par une aristocratie qui passe l'été sur ses terres. Si Mme Hanska a quelque peu perdu sa fraîcheur, pour lui, elle reste toujours le même objet de ses vœux les plus ardents. Elle temporise, demande un nouveau délai : Anna, la fille adorée, ne doit-elle pas trouver un mari ? Alors, il rentre, nanti de promesses et d'une arachnitis, autrement dit une inflammation cérébrale.

L'éditeur Jules Hetzel relance Balzac : ainsi naîtra en 1843 *La Muse du département*. Malgré l'urgence et un calendrier démentiel, le romancier trouve le moyen d'ajouter la *Monographie de la presse parisienne* pour un recueil collectif.

Rue Grande-
Millionne (ci-
dessous), la comtesse
Hanska et sa fille
Anna, conformément
à leur rang, habitent
la luxueuse maison
Koutaïrov, près de la
Néva, avec vases de
Saxe et table à thé en
malachite, alors que
son soupirant est logé
chez Mme Titrov. Eve
reçoit Honoré dans son
salon bleu (ci-contre
peint par Colmann,
où elle est assise
devant les œuvres du
romancier, une lettre
de Balzac
à la main).

**«La nature ne veut plus rien faire ; elle se repose.
Elle n'est plus sensible au café»**

«Oh ! je suis bien énormément fatigué.» 1844 voit un
Balzac alourdi et épuisé. Désormais, les grands
romans commencés lui coûteront sans cesse plus
d'efforts. Finies les campagnes d'Italie
ou de France, oubliées les grandes
chevauchées napoléoniennes.

Pour autant, la décrépitude physique ne compromet pas les illusions. Balzac tire des traites sur l'avenir. La roborative perspective conjugale le conduit à vouloir apurer ses comptes. Sûr de l'amour, il entend tarir la Dette : «En 1846, nous aurons une des plus délicieuses maisons de Paris, je n'aurai plus un sou de dettes et j'ai pour cinq cent mille francs de travail.» La correspondance avec Eve tourne au journal de ménage, scandé de déclarations passionnées : «Vous êtes ma vie, ma force, ma lumière.» De fait, il n'a plus qu'elle au monde.

La production de la maison Balzac s'en ressent. Les établis regorgent de manuscrits inachevés, et qui le resteront, destinés à paraître sous cette forme incomplète, tels *Les Paysans* ou *Le Député d'Arcis*

Si Honoré rêve d'un tranquille bonheur domestique (image peinte par Drolling), il est avant tout un ambitieux par amour, qui offre *La Comédie* à Eve, comme le Rodolphe d'*Albert Savarus* (1842), qui veut le pouvoir pour offrir son amour à la duchesse Francesca : «Après vingt années de connaissance, vous saurez quelle est la force et la puissance de mon cœur, de quelle nature sont ses aspirations vers le bonheur. [...] Cet amour sera le principe secret de ma vie, et j'en mourrai peut-être...»

(1847), ou de manière posthume, comme *Les Petits Bourgeois*. Néanmoins, la maison met sur le marché *Modeste Mignon*, achève *Béatrix* et, en juillet, trace un plan de bataille : il reste 40 romans ou nouvelles à faire sur un total de 125. Des séries étiques de la *Comédie* doivent se peupler : les *Scènes de la vie de campagne, de la vie militaire* et *de la vie politique*.

Balzac collabore à d'autres productions, signe avec Chlendowski, un nouvel éditeur : 32 volumes sur quatre ans, dont Balzac attend 16 000 francs. Emigré polonais, ce comte manque de capitaux, et Balzac devra en rabattre, mais, entre autres récits, il écrit la troisième partie de *Splendeurs et misères…* et commence *L'Envers de l'histoire contemporaine*. Pendant ce temps, Anna Hanska se fiance avec un riche Polonais ; Mme Hanska rejoint sa fille et son futur gendre à Dresde.

Au printemps 1845, Balzac part pour la Saxe et ramène clandestinement son Eve, qui passera pour sa sœur

Après bien des contretemps dus aux atermoiements de sa dulcinée, dont il ne comprend toujours pas les réticences, Balzac, chevalier dans l'ordre de la Légion d'honneur depuis le 27 avril,

Georges Mniszech (à gauche) était d'une grande famille polonaise catholique qui avait dans son ascendance un illustre usurpateur, condottiere sarmate. Georges était quelque peu fragile et scrofuleux, comme il sied aux derniers porteurs de noms fameux. Balzac ne voyait pas d'un très bon œil son mariage avec Anna (ci-dessus), trouvant dangereuse une alliance polonaise alors que le tsar avait décidé qu'il en avait assez des Polonais et des catholiques. Eprouvant beaucoup d'affection pour Anna, Balzac lui avait dédié *Pierrette* (1840), une attendrissante histoire d'orpheline pauvre, souffre-douleur d'imbéciles parents éloignés et rentiers de province : «La première œuvre un peu jeune fille que je ferai, je la dédierai à votre chère Anna.»

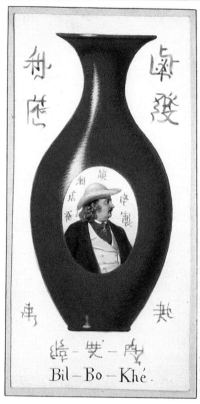

Bil – Bo – Khé.

A – Ta –Lha.

peut envisager de grandes vacances. Entre mai et novembre 1845, un périple européen, dont on sait bien peu, conduit ce petit monde jusqu'à Naples, en passant par la France. Mme de Brugnol, la gouvernante, dégote rue de la Tour un appartement, où Balzac et Eve peuvent filer le parfait amour, malgré la présence d'Anna et de son piano – Georges Mniszech, le gendre collectionneur de coléoptères, ayant choisi, lui, de visiter la Belgique. Pendant ce délicieux séjour, paraissent, ô ironie! *Les Petites Misères de la vie conjugale*. Puis Balzac veut faire connaître la France à Mme Hanska, et ils font tous deux du tourisme en Touraine, à Fontainebleau et à Rouen. Ensuite l'on remonte le Rhin pour récupérer Georges. Le joyeux

Ces projets de vase pseudo-chinois représentent Balzac (Bil-Bo-Khé) et Mme Hanska (A-Ta-Lha), d'après la parade de Varin et Dumarsan.

quatuor s'affuble alors de noms de théâtre d'après *Les Saltimbanques*, pièce en vogue à l'époque. Le gros Bilboquet adore la belle Atala, et Zéphyrine aime son Gringalet polonais. Après une série d'allers et retours (Paris, Baden, Naples), Balzac rentre seul.

Il vient de vivre sa plus belle année dont il gardera un souvenir lyrique : «Revoir les monuments que tu as admirés, c'est dans les ténèbres de l'absence un jet de lumière.» A son «chéri louloup», il écrit une nuit de décembre une récapitulation des 23 villes qui lui seront désormais «sacrées». Mais la réalité reprend vite ses droits. D'abord, il faut calmer Mᵐᵉ de Brugnol, qui, délaissée, tempête, récrimine, exige un bureau de tabac, puis de timbres, et une dot pour son mariage. Ensuite, il faut s'occuper de la Dette. Un liquidateur parvient à réduire le passif et, pour la première fois, Balzac a devant lui un joli capital de 130 000 francs, le «trésor louloup » que lui a confié Mᵐᵉ Hanska. Sans y toucher, Balzac va contracter de nouvelles dettes pour ses collections, délices de Capoue où il se perd à nouveau.

M. de Balzac saisi par la manie de l'antiquaillerie

Faute de réussir une spéculation immobilière et de trouver le nid d'amour idéal, il se lance dans le bric-à-brac, pour être dans les meubles de son futur couple.

Alors, il accumule les extravagances. Déjà les murs des Jardies arboraient-ils, écrits de sa main au charbon, ces ersatz de rêve : ici revêtements en marbre de Paros, là plafond peint par Delacroix, tapis

Suite d'anecdotes reliées par un fil assez lâche, continuant la *Physiologie du mariage*, les *Petites Misères* ont été composées par fragments à partir de 1830. La version définitive se divise en deux parties. La première conte les misères du mari, Adolphe de Chodoreille.

Le «côté femelle» du livre met en scène les désagréments de Caroline. La conclusion semble assurer qu'«il n'y a d'heureux que les mariages à quatre».

d'Aubusson, tableau de Raphaël, glace de Venise... Déjà en 1843, il avait déniché, entre autres folies, un bahut ayant appartenu à Catherine de Médicis, et, à toutes les étapes du voyage, il avait furcté, marchandé, acheté. Maintenant, sa volonté de puissance et son amour trouvent à se matérialiser dans ces nouveaux signes tangibles : un service de Chine, un lustre provenant de l'empereur d'Allemagne, un portrait attribué à Holbein, des théories de vases, des kyrielles de flambeaux, des régiments de chaises. Ivresse, thésaurisation illusoire (en 1846, il estime à 500 000 francs ce capharnaüm), détaillée dans ses lettres, véritables «Bulletins de la Grande Armée» pour cet antiquaire : Balzac trône dans son palais des merveilles, son Louvre imaginaire. Hélas, tout, ou presque, est faux ! Il a même déniché un portrait de Mme Greuze – ce n'est pas elle – peint par Greuze – ce n'est pas lui.

Balzac ressemble au cousin Pons. Comme il «voit» ses personnages et leur milieu, il «voit» le futur lieu de ses ébats conjugaux : «Une belle chambre Boulle, une salle de bains genre Fontainebleau, une bibliothèque Empire, un boudoir perse et un cabinet au goût de Monsieur.» De son côté, Eve court les joailliers. Pendant ce temps, le travail reste en souffrance, et les éditeurs se rappellent à son bon souvenir. Pour les satisfaire, Balzac revoit son stock de manuscrits, et les

Le Christ de Girardon avec l'encadrement de Brustolone figurait parmi les objets les plus précieux amassés par Balzac :

«L'amour-propre des collectionneurs est un des plus vifs, car il rivalise avec l'amour-propre d'auteur» (*Le Cousin Pons*, 1847). A cette époque, Balzac commence à manifester du goût pour les vieux meubles; le moindre morceau de bois vermoulu qu'il achète rue de Lappe a toujours une provenance illustre, et Balzac invente des généalogies à ses bibelots. «Il les cachait çà et là, toujours à cause de ces créanciers fantastiques dont nous commencions à douter. Nous nous amusâmes même à répandre le bruit que Balzac était millionnaire, qu'il achetait de vieux bas aux négociants en hannetons pour y serrer des onces, des quadruples, des génovines, des cruzades, des colonnates, des doubles louis, à la façon du père Grandet» (Th. Gautier).

presses fonctionnent derechef. Après des vacances romaines et des visites chez les antiquaires suisses en compagnie d'Eve, l'obsession amoureuse prend définitivement possession du romancier. L'histoire de l'écrivain se fait alors celle de la progressive destruction de son œuvre par la passion. Balzac devient l'un de ses personnages.

Tout le bric-à-brac de Balzac prendra place dans son dernier domicile : «Nous pûmes voir une salle à manger revêtue de vieux chêne, avec une table, une cheminée, des buffets, des crédences et des chaises en bois sculpté, à faire envie à Berruguete, à Cornejo Duque et à Verbruggen ; un salon de damas bouton d'or, à portes, à corniches, à plinthes et embrasures d'ébène ; une bibliothèque rangée dans des armoires incrustées d'écaille et de cuivre en style de Boulle ; une salle de bains en brèche jaune, avec bas-reliefs de stuc» (Th. Gautier).

«Les Parents pauvres» et la maison de la rue Fortunée, les dernières grandes œuvres balzaciennes avant l'hiver ukrainien

Commence bientôt l'errance, qui enfiévrera les derniers temps. De l'été 1846 à l'été 1847, Balzac passe son ultime année pleine à Paris, entrecoupée par un nouveau séjour – toujours clandestin – de Mme Hanska. Mais, depuis ce retour fin mai, un heureux événement rend le mariage urgent. Balzac vibrionne en quête d'un logis et de la fortune. Au lieu d'employer le «trésor louloup» à un raisonnable investissement immobilier, il achète le 1er juin deux cent actions de la Compagnie des chemins de fer du Nord. Elles valent 735 francs, il espère les revendre 900 en novembre. Elles baisseront deux ans durant. La spirale des espérances démesurées, des échéances impératives, des subterfuges l'entraîne dans sa course

La maison de la rue Fortunée (ci-dessous) est «une bâtisse étroite, pourvue de deux fenêtres sur la rue […] une cour tout en longueur […]». L'intérieur (pages suivantes) est luxueux : coupole bleue aux peintures de La Vallée restaurées par Hardouin ; salle à manger tendue de cuir de Cordoue à fleurs d'or et d'argent ; chambre à coucher tendue en damas rouge de Chine ; salon bleu et or ; escalier dont la richesse étonnera Victor Hugo lui-même.

folle. Stimulé par sa proche paternité, il parvient malgré tout à travailler. On reste stupéfait devant cette débauche d'énergie mentale, incrédule quand il affirme que ses troubles de santé ont disparu. Pourtant, Balzac projette *Les Parents pauvres* et s'y attelle. A force de café, il entame un premier *Cousin Pons (Le Parasite)*, qu'il abandonnera, et *La Cousine Bette* : vingt feuillets par jour.

Enfin il trouve la maison de ses rêves. Grise, laide, elle se trouve rue Fortunée. Une vaste salle à manger, un grand sous-sol, un jardin et un accès direct à la chapelle Saint-Nicolas, succursale de Saint-Philippe-du-Roule, église chic et noble. Qui plus est, il ne la paie pas, le vendeur acceptant des actions et des billets à fin novembre.
Mme Hanska désapprouve l'opération – bien onéreuse en vérité, car aux 50 000 francs de l'achat, il faut en ajouter autant pour les aménagements –, et refuse de revenir à Paris. *La Cousine Bette* paraît et connaît un immense succès. «J'aurai une année 1847 formidable!» : il pense publier vingt volumes et écrire deux ou trois pièces. Patatras! le 27 novembre 1846, il apprend qu'Eve a fait une fausse couche :
«Je ne croyais pas que je puisse tant aimer un commencement d'être. Mais c'était toi, c'était nous. La résignation me vient difficilement. [...] Si je retrouvais la faculté d'inventer, de composer, je me jetterais dans le travail à y mourir. Mais l'organe fatigué se refuse à tout.» Un mois de prostration, et Mme Hanska annonce son intention de venir en février. La machine repart : il entasse les feuillets, écrit entre autres la dernière partie de *Splendeurs et Misères*… et *Le Cousin Pons*. C'est l'apogée de son talent. Il sera bref.

Le journal *Les Ecoles* avait publié sous le titre *Les Grands Hommes en chemise* cette lithographie d'Edward Allet représentant Balzac en froc de moine, la pipe à la bouche et en galante compagnie. La légende en est diffamatoire : «Le R. Père dom Seraphitus culus mysticus Goriot, de l'ordre régulier des frères de Clichy, mis dedans par tous ceux qu'il y a mis, reçoit dans sa solitude forcée les consolations de santa Séraphita et conçoit par l'opération du St Esprit une foule de choses inconcevables et d'incubes éphial-testiculaires.»

Balzac a trois ans à vivre. Il mourra seul, appelant en vain la femme tant aimée à son chevet, comme Goriot appelait ses filles. Au moins aura-t-il eu l'illusion du bonheur en l'épousant, au moins aura-t-il cru qu'il était parvenu au faîte d'une existence dépensée en rêves. Le romancier de la monomanie a substitué son obsession à son œuvre inachevée. Pathétique, sa dernière ligne péniblement griffonnée fut pour Théophile Gautier : «Je ne puis ni lire ni écrire.»

CHAPITRE IV
REFLETS DANS UN ŒIL D'AIGLE

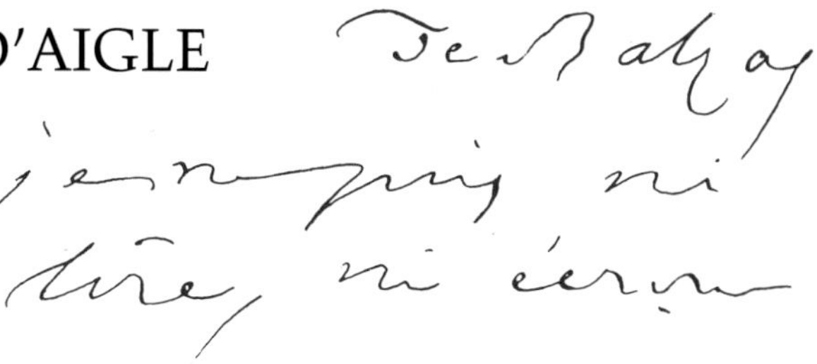

Quatre évangélistes, dont le général Gourgaud, recueillent les mémoires de Napoléon à Sainte-Hélène. Balzac ne laissera les siens que sous forme de monument romanesque.

[Lettre manuscrite]

Mon très cher Monsieur

Voici vos épreuves. Veuillez vous hâter de les corriger. Et l'autotopsie après laquelle j'attends, me la donnerez-vous? Et notre Vie Morte? Vous voyez que vous ne voulons vous tenir quitte de rien. C'est la conséquence de toute l'estime que vous inspire votre esprit et votre grand talent.[1]

Amitiés.

É. de Girardin

Pour la première fois, l'aigle baissait la tête. Les directeurs de journaux, les éditeurs ne lui font plus tout à fait confiance. Deux fois, Girardin a commencé la publication des *Paysans*, comptant sur la prodigieuse énergie d'un écrivain qui toujours parvint à fournir de la copie, quitte à remplacer l'œuvre promise par une autre. Cette fois, il tempête, réclame à cor et à cri le manuscrit complet. Mais Balzac n'en peut plus. Il capitule, abandonnant le champ de bataille, et rembourse même en partie l'avance que Girardin avait consenti pour *La Presse* : «Impossible de réveiller mon cerveau, d'en tirer un plan, dix lignes, une idée.»

Le 4 février 1847, il part pour Francfort, en ramène sa «bonne, grasse, tendre et voluptueuse Eve» et l'installe rue Neuve-de-Berry pour deux mois de bonheur et de travail, où il écrit *Le Cousin Pons*. Après cette embellie, il ne pourra plus envisager «deux ou trois œuvres capitales qui renversent les

faux dieux de cette littérature bâtarde et qui prouveront qu['il est] plus jeune, plus frais et plus grand que jamais». *Les Parents pauvres* ont montré de quoi il était encore capable, mais l'épuisement l'emporte, et *Les Paysans* restent inanimés.

Mᵐᵉ de Brugnol continue son chantage, et Mᵐᵉ Hanska elle-même a des soucis d'argent : elle envoie fin juin une lettre probablement terrible où elle lui

Alors que Girardin lui adresse des lettres dont l'irritation perce sous le vernis de politesse, que la question d'argent continue de le harceler (ci-contre, un chèque à Hetzel de 1846), Balzac ne songe qu'à sa déesse de Wierzschownia (ci-dessous), dans la «Beauce de l'Europe» : «J'aperçus une espèce de Louvre, de temple grec, doré par le soleil couchant, dominant une vallée» *(Lettre sur Kiew)*.

intime l'ordre de cesser tout achat. Il se soumet,
obtient le pardon, et l'invitation à se rendre chez elle,
à Wierzschownia.

La camarde a marqué l'heure. Elle ne lui laissera aucun répit. Et «La Comédie humaine» gèle dans l'atelier déserté.

Le 4 septembre 1847, après avoir rédigé son
testament, Balzac part pour l'Ukraine, en chemin de
fer jusqu'à Cracovie, en diligence jusqu'à Lemberg et
comme il peut ensuite. Muni d'une langue de bœuf
fourrée, d'une fiole d'anisette et de seize petits pains
au seigle, il arrive à Wierzschownia en huit jours, avec
une semaine d'avance.

Ebloui, il contemple le luxe de cette demeure
seigneuriale. Engoncé dans un bonheur quasi conjugal,
il n'écrit presque rien, quelques ébauches, mais,
devant le spectacle majestueux des forêts, il ne peut
s'empêcher de rêver à une spéculation sur le bois.

Après cinq mois de vacances dans son petit, mais
fort confortable appartement, il rentre fin janvier par
moins vingt-huit degrés, et arrive à Paris une semaine

Le 24 février 1848,
Balzac assiste au
pillage des Tuileries
en même temps qu'un
jeune homme dont
il ignore tout : Gustave
Flaubert. En 1869,
ce dernier fera
paraître *L'Education
sentimentale*, où
est mis en scène cet
épisode révolutionnaire.
Reconnu rue de
Richelieu, où l'on crie
«Vive M. de Balzac»,
l'écrivain, ému, se
laisse tenter par la
députation, mais il
se dégoûte vite. Trois
mois plus tard, alors
que Balzac fait un
dernier séjour à Saché,
les journées de juin
ensanglantent la
capitale (ci-dessus,
la prise du Panthéon
le 24 juin 1848).

avant la révolution de février 1848. Il s'y comporte en parfait petit-bourgeois affolé, restreint ses dépenses (pain et fromage), envisage un instant la députation, approuve sans réserve la répression de juin. Le théâtre déploie une nouvelle fois ses séductions. Le succès de *La Marâtre*, réel pourtant, ne paie guère. Surtout, il rêve de retourner à Wierzschownia.

Le 19 septembre 1848, il repart pour l'Ukraine. L'œuvre s'arrête. Malgré le mariage, le roman d'amour aura une triste fin

Depuis 1846, Honoré et Eve font pratiquement bourse commune. Pour tenter de gérer les affaires de l'endetté, Mme Hanska double la mère de Balzac, promue à soixante-dix ans gardienne de la maison de la rue Fortunée. Eve exige que tout soit réglé avant de consentir à l'union irrévocable, d'autant que ses propres finances battent de l'aile. Enfin le tsar refuse en juillet 1849 de faire exception à une loi de 1834 qui interdit à tout sujet de l'Empire de conserver ses droits de propriété sur une terre en cas de mariage

Tony Johannot représente Balzac en compagnie d'autres «hommes de style après la révolution de février»: Eugène Sue, Victor Hugo et Alexandre Dumas, ces «condors de la pensée» (ci-dessus). Balzac ne joua pourtant pas un rôle important dans cette révolution. Malgré une *Lettre ouverte* envoyée au *Journal des débats*, il doit se soumettre à la tyrannie de son corps usé : vomissements de sang, palpitations, diplopie. Rassemblant ses dernières forces, Balzac veut à tout prix son mariage. C'est l'abbé Ozarowski qui l'unira enfin à Eve en l'église Sainte-Barbe de Berditchev (Ukraine). Nadar immortalise ironiquement la scène. Mais, malgré les soins du docteur Knothé, médecin de Wierzschownia, Balzac est perdu.

avec un étranger. Le séjour
idyllique se colore bien
sombrement. La santé de
Balzac se dégrade
sérieusement : troubles
cardiaques, syncopes,
violents maux de tête,
bronchites à répétition,
aggravés par un voyage à
Kiev en janvier 1850...

Pourtant Mme Hanska
finit par accepter le mariage
avec ce malade encore doté
de 100 000 francs de dettes.
On ignore pourquoi elle se
décide enfin. On ignore
d'ailleurs beaucoup de
choses sur cet ultime séjour
de Balzac chez son «chéri
louloup». Peut-être se sent-
il un peu seul malgré tout,
car il écrit à Zulma, l'égérie
de sa jeunesse : «Comme la
vie est autre, vue du haut de
cinquante ans et que

souvent nous sommes loin de nos espérances !»
Eve croit avoir trouvé le moyen de sauver sa
fortune : elle en fait donation à ses enfants contre
une rente annuelle de 20 000 francs. Ajoutée aux
revenus littéraires qu'elle escompte de son mari –
elle pense qu'il guérira –, cette manne lui
permettrait de mener une vie décente à Paris et de
s'accorder quelques menus plaisirs. Toujours est-il
que le mariage est célébré le 14 mars 1850, dans la
plus stricte intimité.

Les époux quittent la Russie le 24 avril et arrivent à Paris le 20 ou le 21 mai. Balzac meurt le 18 août

A sa mère, Balzac envoie très à l'avance des
instructions précises pour fleurir la maison,
détaillant chaque vase. A sa famille, à ses amis,
il annonce son mariage, sa dernière victoire : «Je n'ai
eu ni jeunesse heureuse, ni printemps fleuri ;

Grand bâtisseur
de châteaux en
Espagne, Balzac en
tient un, bien réel
celui-là, en Ukraine
(ci-dessus, le cabinet
de toilette d'un
château ukrainien).
Il alimente ses
phantasmes amoureux
ainsi : «J'entends par
moments ton pas sur
le sable de tes allées...
Chaque grain de
mortier détaché par
les sculptures de ta
chaise sur le mur bleu
est devenu comme
un gros diamant que
je considère avec
mille délices, et si
vives qu'elles arrivent
à la réalité.»

j'aurai le plus brillant été, le plus doux de tous les automnes.» Les intempéries retardent le départ des époux, et le voyage est épouvantable, accablant un pauvre malade à demi aveugle. A Francfort, il achète pourtant un superbe gobelet, ou vidrecome, alors que Mme Balzac fait l'emplette d'un collier à Dresde. L'arrivée dans la maison est sinistre. Illuminé, le logis est cependant déserté par madame mère, et fermé. On doit la faire ouvrir par un serrurier. On y trouve le valet de chambre frappé de folie que l'on transporte dans un asile d'aliénés. Pendant ce temps, Eve de Balzac fait son entrée dans ce palais fantôme.

Dédicataire du *Lys dans la vallée*, le docteur Nacquart (à gauche) est un ami proche, même s'il a refusé un prêt de 20 000 francs pour l'opération des Jardies. Il avait habité durant cinq ans près de la famille Balzac, rue du Temple. Eve de Balzac lui donnera la célèbre canne de son mari. Le médecin avoue à son malade la vérité sur son état le matin du 18 août 1850.

Tout ira désormais très vite. Défilé des médecins, dictée du testament le 4 juin, visites amicales… Début juillet, Balzac ne sort plus. Il reste cloué sur son fauteuil, entouré de cuvettes, à la fois maigre et enflé. Malgré son optimisme affiché, il ne peut plus rien faire. On raconte – légende ou vérité – que dans son délire il appelle à lui Bianchon, le médecin de *La Comédie humaine*, faiseur de miracles scientifiques. Nacquart, l'ami, le docteur, diagnostique une péritonite. Bientôt les ponctions n'agissent plus. C'est la fin. Environné d'une insoutenable puanteur, Balzac demande l'extrême-onction le 18 août. Le soir même, Victor Hugo se

Cette étude pour le Panthéon-Nadar, l'un des derniers portraits de Balzac, laisse deviner son délabrement physique, même s'il témoigne encore de son énergie surhumaine. L'écrivain est rentré à Paris épuisé et livide. A la fin, il sera à la fois amaigri et enflé, le teint cireux. Les chairs durcies ne permettront même plus les ponctions.

rend à son chevet. Il assiste
à l'agonie et à la mort, qu'il
relate dans les pages
bouleversantes de *Choses
vues* : «Il avait la face
violette, presque noire,
inclinée à droite, la barbe
non faite, les cheveux gris
et coupés courts, l'œil
ouvert et fixe. Je le voyais

de profil et il ressemblait ainsi à l'empereur.»

 Napoléon avait vécu cinquante-deux ans, Balzac
cinquante. A onze heures et demie du soir, 2 500
créatures sont orphelines, mais elles hanteront
désormais notre imaginaire, composant la plus
cohérente et la plus chatoyante des sociétés.

Les fantômes du miroir

Un fragment de 1831 ou 1832, *Théorie du conte*,
évoque sur un ton de fantaisie une vision de Balzac :
«Hier en rentrant chez moi, je vis un nombre

Eugène Giraud peint
Balzac sur son lit
de mort, un lit d'acajou
dont Victor Hugo
raconte qu'il avait
au pied et à la tête
des traverses et des
courroies indiquant un
appareil de suspension
destiné à mouvoir le
malade, appuyé sur des
monceaux d'oreillers
et de coussins rouges.

LES MARIONNETTES.

Prodigieux marionnettiste, Balzac sut animer toute une société, celle-là même que Napoléon avait forgé en mettant fin à la Révolution. L'ombre de l'Empereur (ci-contre) se projette sur toute *La Comédie humaine*.

« Qui pourra jamais expliquer, peindre ou comprendre Napoléon ? Un homme qu'on représente les bras croisés, et qui a tout fait ! qui a été le plus beau pouvoir connu, le pouvoir le plus concentré, le plus mordant, le plus acide de tous les pouvoirs ; singulier génie qui a promené partout la civilisation armée sans la fixer nulle part ; un homme qui pouvait tout faire parce qu'il voulait tout ; prodigieux phénomène de volonté, domptant une maladie par une bataille, et qui cependant devait mourir de maladie dans son lit après avoir vécu au milieu des balles et des boulets. »

Conversation entre onze heures et minuit, 1832, repris dans *Autre Etude de femme*, 1842

incommensurable d'exemplaires de ma propre personne, tous pressés les uns contre les autres à l'instar des harengs au fond d'une tonne. Ils répercutaient dans un lointain magique ma propre figure, comme, lorsque deux glaces se répondent, la lueur d'une lampe placée au milieu d'un salon est répétée à l'infini dans l'espace sans bornes, contenu entre la surface du verre et son tain. »

On est tenté en effet de rassembler les images de Balzac jalonnant *La Comédie humaine*. On y repère aisément des doubles, tantôt sosies, tantôt représentations de tel aspect, de telle potentialité. Faut-il les classer selon la chronologie biographique : Louis Lambert à quatorze ans, Félix de Vandenesse *(Le Lys dans la vallée)* à vingt, Athanase Granson *(La Vieille Fille)* à vingt-trois, David Séchard et Daniel d'Arthez *(Illusions perdues)* à vingt-cinq, Z. Marcas

à trente-trois, Albert Savarus à trente-cinq, le
Dr Bénassis *(Le Médecin de campagne)* à cinquante ?
Convient-il mieux de recomposer le
portrait de Balzac en
combinant les traits des ces
personnages, à l'exclusion
de Félix, et en y
ajoutant Montriveau
*(La Duchesse de
Langeais)*, l'illustre
Gaudissart, Felipe Henarez
*(Les Mémoires de deux jeunes
mariées)*, Joseph Bridau *(La
Rabouilleuse)*, Graslin *(Le
Curé de village)*, Wilfrid
(Séraphîta), Etienne
d'Hérouville *(L'Enfant
maudit)*, Octave *(Honorine)* ?
Une autre liste comprendrait
tous les personnages qui
incarnent ce que Balzac eût
rêvé d'être – beau, blond,
noble, le teint clair et les
yeux bleus : Raphaël de
Valentin *(La Peau de
chagrin)*, Lucien de
Rubempré *(Illusions
perdues)*, Godefroid *(Les
Proscrits)*. Aux cheveux
près on compléterait
avec de Marsay et Rastignac.

Sur le grand chemin
de la postérité (ci-
dessus, la gravure de
Benjamin Roubaud),
derrière Victor Hugo
sur un dragon-Pégase,
suivi de Théophile
Gautier, d'Eugène Sue
agrippé, au-dessus
duquel plane
Lamartine, et
d'Alexandre Dumas
franchissant les monts,
Balzac figure en bonne
place, devant Alfred de
Vigny et Léon Gozlan.
La génération de
1830 évolue dans une
Histoire dont Balzac
éclaire les dessous.
Ainsi privilégie-t-il
les figures comme
Ferragus (à gauche),
imaginant une société
secrète, les Treize, dont
les voies ténébreuses
organisent la mise en
scène d'une prodigieuse
dramaturgie sociale :
«Il s'est rencontré
sous l'Empire et dans
Paris, treize hommes
également frappés du
même sentiment, tous
doués d'une assez
grande énergie pour
être fidèles à la même
pensée.»

DE LA POSTÉRITÉ.

Ajoutons enfin la mise en scène dans tel ou tel roman d'une homosexualité latente. Si Balzac traite du lesbianisme dans *La Fille aux yeux d'or*, de la zoophilie dans *Une passion dans le désert*, il semble

bien qu'il ait été attiré par les jeunes hommes. Peut-être cette tentation participe-t-elle d'une volonté de vivre une expérience totale chez l'auteur d'un *Traité des excitants modernes* (1839), dont Gautier et Baudelaire affirment qu'il essaya le haschich en 1845. *Sarrasine* narre l'amour d'un jeune homme pour une cantatrice qui s'avère être un castrat. Dans *Le Père Goriot*, Vautrin exerce pouvoir et fascination sur Rastignac ; dans *Splendeurs et Misères...*, tout indique qu'il aime Lucien de Rubempré.

Entomologiste de génie (ci-contre, une gravure de Gustave Doré pour les *Contes drolatiques*), Balzac classe et dissèque ses personnages.

«La Société ne fait-elle pas de l'homme, suivant les milieux où son action se déploie, autant d'hommes différents qu'il y a de variétés en zoologie ? Les différences entre un soldat, un ouvrier, un administrateur, un avocat, un oisif, un savant, un homme d'Etat, un commerçant, un marin, un poète, un pauvre, un prêtre, sont, quoique plus difficiles à saisir, aussi considérables que celles qui distinguent le loup, le lion, l'âne, le corbeau, le requin, le veau marin, la brebis, etc.**»**
Avant-Propos de La Comédie humaine

Balzac romancier s'incorpore à *La Comédie
humaine*, il est narrateur dans *Louis Lambert* et
Facino Cane, écrivain dans *Albert Savarus*,
démultiplié en doubles, plébéiens et énergiques quand
ils lui ressemblent, nobles et séduisants quand ils
ressemblent à son rêve. Mieux encore, les sosies de

❝Comment rendre
intéressant le drame
à trois ou quatre
mille personnages que
présente une Société?❞
*Avant-Propos de
La Comédie humaine*

Balzac, que Prosper Mérimée représente ici entouré de ses personnages, explique ainsi la fresque de *La Comédie humaine* : «En saisissant bien le sens de cette composition, on reconnaîtra que j'accorde aux faits constants, quotidiens, secrets ou patents, aux actes de la vie individuelle, à leurs causes et à leurs principes autant d'importance que jusqu'alors les historiens en ont attaché aux événements de la vie publique des nations. [...] Ce n'était pas une petite tâche que de peindre les deux ou trois mille figures saillantes d'une époque, car telle est, en définitive, la somme des types que présente chaque génération et que *La Comédie humaine* comportera. Ce nombre de figures, de caractères, cette multitude d'existences exigeaient des cadres, et, qu'on me pardonne cette expression, des galeries. De là, les divisions si naturelles, déjà connues, de mon ouvrage. [...] Dans ces six livres sont classés toutes les Etudes de mœurs qui forment l'histoire générale de la Société» *(Avant-propos de la Comédie humaine).*

Balzac n'ont pas de mère, les contre-sosies conservent la leur, prouvant, s'il en était besoin, combien Honoré eût souhaité être aimé de sa mère. Mais il ne saurait à lui seul concentrer ce monde né de sa plume, même si Vautrin incarne son rêve de pouvoir ou Nucingen celui de la richesse.

Le monde de Balzac : les conditions et les passions

Le réalisme balzacien réside en la promotion de trois types qui résument la société moderne, sur laquelle ils jettent un nouvel éclairage : le jeune homme, la femme, le héros sauvage. Il est aussi la fouille et le panorama des strates sociales. Il est bien d'autres choses encore, et un siècle d'études balzaciennes n'a certes pas épuisé les richesses de ce fantastique trésor. Si ce Saint-Simon de la bourgeoisie n'a codifié qu'après coup, dans l'«Avant-Propos» de la *Comédie*, les principes fondateurs de son œuvre, on peut les rapporter à une conception générale de l'homme, qui commande celle de la société.

Chaque être possède un capital d'énergie, que la société s'emploie à canaliser. Elle informe ou déforme, elle permet l'épanouissement ou elle étouffe, elle exalte ou elle dissipe. La civilisation

Peintre de la vie humaine à l'instar de Rabelais ou de Gustave Doré (caricaturés ci-contre par Nadar), Balzac rédige une encyclopédie du monde intérieur. La description de Z. Marcas réunit les traits de son créateur et l'ampleur de ses vues : «Sa tête, grosse et forte, qui paraissait contenir les trésors nécessaires à un ambitieux de premier ordre, était comme chargée de pensées; elle succombait sous le poids d'une douleur morale, mais il n'y avait pas le moindre indice de remords dans ses traits. Quant à sa figure, elle sera comprise par un mot. Selon un système assez populaire, chaque face humaine a de la ressemblance avec un animal. L'animal de Marcas était le lion» (*Z. Marcas*, 1840).

En quels faciès animaux Grandville (auteur du croquis ci-contre) aurait-il métamorphosé les visages des deux amis Schmucke et Pons (ci-dessous)?

imprime sa marque indélébile sur l'individu, et sa démarche, son vêtement, ses traits, ses comportements sont les inscriptions de ce travail dénaturant. Tel Champollion, le romancier peut se faire déchiffreur de ces hiéroglyphes; tel Cuvier ou Geoffroy Saint-Hilaire, il peut se faire zoologue, classer les espèces sociales comme on répertorie les espèces animales.

L'Histoire, quant à elle, par la Révolution, a brisé le système antérieur, fracassé la cristallisation des castes et des ordres et lancé le XIXᵉ siècle dans un mouvement social perpétuel. La Révolution et l'Empire ont prouvé que l'on pouvait passer d'une espèce à l'autre, que les individus entraient dans le drame moderne de la mobilité et des intérêts. Telle s'exhibe la dramaturgie de *La Comédie humaine*, recensement des mutations et des blocages, des ambitions et des catastrophes. A cette déstabilisation qui entraîne vie privée et vie sociale dans un maelström, à cette nomenclature qui fige les personnages dans leur caractérisation, s'ajoute la destruction de l'homme et des sociétés par le jeu des passions, des désirs et des idées. Ainsi se met en scène le pessimisme foncier de Balzac. Dès lors, le romancier voit s'ouvrir deux voies royales : la description qui peint en les analysant les mécanismes et les effets de cette destruction ; la philosophie qui en explore les causes. Ces deux voies confluent dans ses plus grandes romans : «Nous avons à saisir la vie, l'âme, la physionomie des choses et des êtres» *(Le Chef-d'œuvre inconnu)*.

«Une représentation du monde comme il est : les images et les idées, l'idée dans l'image ou l'image dans l'idée, le mouvement et la rêverie»

L'œuvre balzacienne mêle inextricablement le réel et l'imaginaire. Le fantastique exprime le mystère enfoui au cœur du réel. Chez Balzac, il est l'apparition même de la réalité.

La tradition veut que Balzac se soit servi de poupées aide-mémoire (à gauche) pour ses personnages. Un tel créateur n'excite-t-il pas l'imagination de tous ceux que fascine sa puissance d'évocation ? Sur ce projet d'éventail (ci-dessous), Grandville représente le romancier trônant au milieu de ses créatures, brandissant la célèbre canne tel le sceptre de son incontestable royauté au pays des rêves de papier.

Ainsi *La Peau de chagrin* fait-elle du talisman de Raphaël un symbole de la société de 1830. Le fantastique balzacien ne travestit pas la vérité, il la révèle à qui sait, ou à qui veut bien voir. «Dès que l'homme veut pénétrer dans les secrets de la nature, où rien n'est secret, où il s'agit seulement de voir, il s'aperçoit que le simple y produit le merveilleux» *(Séraphîta)*.

او ملكتـني ملكت الكل
و لكن عمرك ملكى
واراد الله هكذا
اطلب و ستننال دطالبك
و لكن قس مطالبك على عمرى
وهى داهنا
فدكل مرامك ستستنزل ايامك
أتريد فى
الله ميبيك
آمين

Quant aux perspectives visionnaires, à l'ésotérisme, ils procèdent d'une philosophie prométhéenne, où l'homme s'égale à Dieu. Nourri d'auteurs mystiques comme Swedenborg ou Saint-Martin, Balzac cherche un ailleurs où la complexité du réel apparaîtrait dans toute sa dimension. Ainsi comprendra-t-il le catholicisme comme véritable phénomène de civilisation, comme dispensateur de sens. Le mysticisme ne contredit en rien le réalisme, il le complète au nom du réel même.

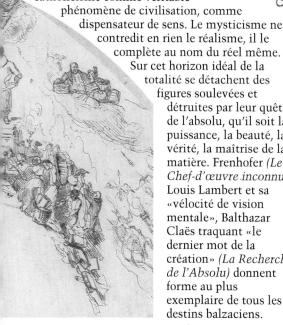

Sur cet horizon idéal de la totalité se détachent des figures soulevées et détruites par leur quête de l'absolu, qu'il soit la puissance, la beauté, la vérité, la maîtrise de la matière. Frenhofer *(Le Chef-d'œuvre inconnu)*, Louis Lambert et sa «vélocité de vision mentale», Balthazar Claës traquant «le dernier mot de la création» *(La Recherche de l'Absolu)* donnent forme au plus exemplaire de tous les destins balzaciens.

C'est à Vienne que Balzac rencontra un célèbre orientaliste du temps, Joseph von Hammer-Purgstall, qui lui donna un talisman «bedouck». Balzac lui demanda de rédiger une inscription en arabe pour la peau de chagrin dont Raphaël entre en possession. «Si tu me possèdes, tu posséderas tout. Mais ta vie m'appartiendra, Dieu l'a voulu ainsi. Désire, et tes désirs seront accomplis, mais règle tes souhaits sur ta vie. Elle est là. A chaque vouloir je décroîtrai comme tes jours. Me veux-tu? Prends. Dieu t'exaucera. Soit!»

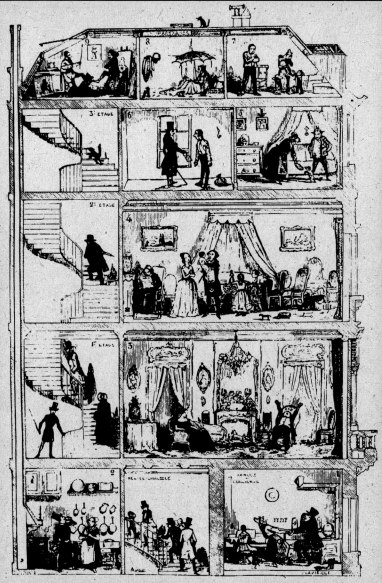

L e XIXe siècle aime à représenter la société en coupe verticale. Il est vrai que, dans les villes, la ségrégation sociale sera longtemps verticale, comme le montre ce *Tableau de Paris* de 1853 (page de gauche). Le frontispice ci-contre, destiné à l'ouvrage de David Carey, *Life in Paris* (1822) est déjà disposé selon une hiérarchie morale.

"La spéculation hideuse, effrénée, qui, d'année en année, abaisse la hauteur des étages, découpe un appartement dans l'espace qu'occupait un salon détruit, qui supprime les jardins, influera sur les mœurs de Paris. On sera forcé de vivre bientôt plus au dehors qu'au dedans. La sainte vie privée, la liberté du chez-soi, où se trouve-t-elle ? Elle commence à cinquante mille francs de rente. Encore, peu de millionnaires se permettent-ils le luxe d'un petit hôtel, défendu par une cour sur la rue, protégé de la curiosité publique par les ombrages d'un jardin."
     Les Petits Bourgeois,
     publication posthume,
     1854

Paris, la province et l'amour

Paris devient ce laboratoire du fantastique décrit dans la vision dantesque qui ouvre *La Fille aux yeux d'or*, cinq cercles de l'Enfer parcourus par le mouvement ascensionnel de l'argent. «Oh! à Paris, là est la liberté de l'intelligence, là est la vie : une vie étrange et féconde, une vie communicative, une vie chaude, une vie de lézard et une vie de soleil, une vie artiste et une vie amusante, une vie à contrastes» (chronique parue dans *Le Diable à Paris*, 1845). Cet hymne à la capitale va de pair avec une peinture de la Babylone moderne, lieu de concentration de l'énergie, Moloch qui dévore la jeunesse venue de province. Paris est lieu géométrique des passions, et au premier chef de l'amour. Mais l'inhumaine comédie se joue partout. Seulement la province est plus lente.

Amour et société s'éclairent mutuellement, comme en témoigne la propre vie de Balzac. Aimer signifie savoir se donner les moyens de réaliser l'amour, de l'inscrire socialement. Voilà pourquoi Balzac consacre tant d'intérêt au couple. Voilà aussi pourquoi il n'écrit pas de roman d'amour *stricto sensu*. Le sentiment s'installe dans un cadre, dans un milieu, se décline selon des types. Mais il réclame tous les soins du romancier, car il est omniprésent. Il faut en distinguer les modalités, les moments, les

❝Sachons-le bien ! la France au dix-neuvième siècle est partagée en deux grandes zones : Paris et la province.❞
La Muse du département, 1843

extériorisations, les progrès, les échecs, les perversions, les sublimations, les démesures, les violences. Surtout, l'amour est une revanche, sur la vie, sur la société, sur soi. Ou bien, telle une implacable vengeance, il se retourne en haine. Il n'est peut-être pas de plus âpres combats dans la *Comédie* que ceux suscités par l'amour. Ils valent bien en tout cas ceux de l'argent.

Les aventures de l'argent

Faune de banquiers, entrepreneurs freinés par le crédit, commerçants ruinés par la spéculation, créanciers avides…, *La Comédie humaine* entraîne ses personnages dans la ronde de l'argent. Enfer de la vie moderne, moteur de l'égoïsme social, carburant du monde, l'argent impose sa monstruosité. Il engendre toutes les cruautés, toutes les violences, et suscite l'ingéniosité la plus diabolique : «Les assassinats sur la grande route me semblent des actes de charité comparés à certaines combinaisons financières» *(Une fille d'Eve)*. On peut lui prêter un rôle métaphysique, y voir la métaphore du désir humain : «Où est l'homme sans désir, et quel désir social se

Paris (ci-dessous, le Marché aux fleurs et la Conciergerie) est un «pays sans mœurs, sans croyance, sans aucun sentiment ; mais d'où partent et où aboutissent tous les sentiments, toutes les croyances et toutes les mœurs.» L'or et le plaisir y dominent : «Prenez ces deux mots comme une lumière et parcourez cette grande cage de plâtre, cette ruche à ruisseaux noirs, et suivez-y les serpenteaux de cette pensée qui l'agite, la soulève, la travaille» *(La Fille aux yeux d'or*, 1834-1835).

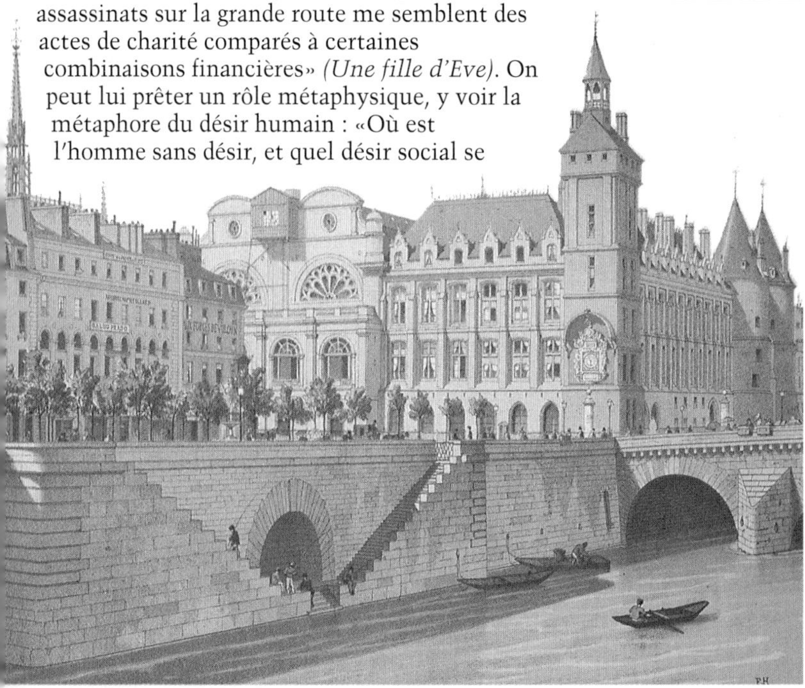

résoudra sans argent ?» *(Eugénie Grandet)*. On peut aussi comprendre les types balzaciens déterminés par leur rapport à l'argent ou par les déboires qu'il leur inflige comme autant d'incarnations de possibles voies sociales.

Les parvenus de bas étage – surface visible du monde des affaires –, les propriétaires fonciers ou les usuriers – possédés par le besoin d'accaparement –, les futurs banquiers – spéculateurs plus ou moins véreux –, les commerçants enrichis qui se lancent dans la spéculation, les conquérants du rang social – aux prises avec leurs créanciers, comme Balzac lui-même –, enfin, dans les empyrées du capitalisme, princes des requins, rois des renards, empereurs des agioteurs… Ceux-là inventent un monde nouveau, leur ampleur de vue dépassant celle des méritants entrepreneurs.

Plus qu'une description des mécanismes économiques, Balzac met en scène un bouillonnement d'énergie, l'avatar monétaire de la volonté de puissance. La spéculation tire sa force

Parmi les catégories sociales de *La Comédie humaine* figurent les employés, promis à un grand avenir littéraire (caricaturés ci-dessous par Monnier dans «Quatre Heures ! Départ des employés»). C'est que Balzac diagnostique une des maladies modernes : la bureaucratie. «Les dossiers, les cartons, les paperasses à l'appui des pièces sans lesquelles la France serait perdue, la circulaire sans laquelle elle n'irait pas, s'accrurent et embellirent» (*Les Employés*, 1837-1838).

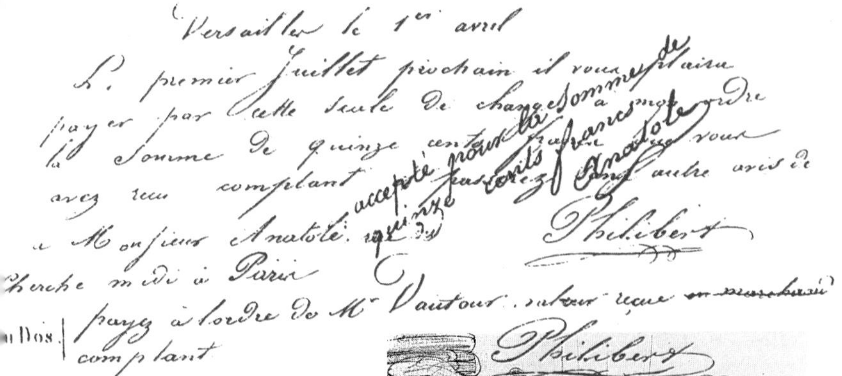
Versailles le 1er avril

Le premier Juillet prochain il vous plaira payer par cette seule de change à mon ordre la somme de quinze cents francs valeur reçue comptant sans autre avis de

à Monsieur Anatole rue du Cherche midi à Paris

Philibert

accepté pour la somme de quinze cents francs

Anatole

payez à l'ordre de Mr Vautour valeur reçue comptant

Philibert

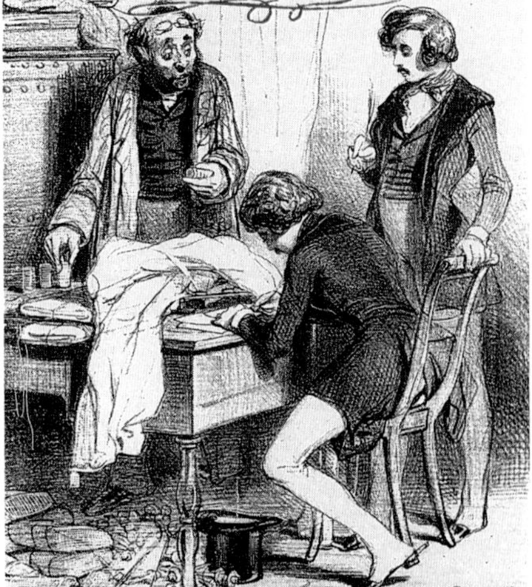

romanesque de sa véritable nature imaginaire, de son caractère fictif – ce qui ne veut pas dire illusoire. L'argent, c'est le signe d'une frénésie d'avenir, un symbole magique, un mystère. L'argent, lui aussi, est fantastique. C'est l'étoffe dont on fait les rêves.

L'envers et les ténèbres

Si l'argent mène le monde (Balzac s'étonne que *La Chartreuse de Parme* n'en parle pas), la politique et l'*Homo politicus* tiennent une place étonnamment restreinte dans *La Comédie humaine*. Si de Marsay, Rastignac deviennent ministres, si Maxime de Trailles se lance dans la spéculation électorale, Balzac s'intéresse plus à Z. Marcas, un homme politique qui n'arrive à rien. Les *Scènes de la vie politique* resteront peu nombreuses. En fait, Balzac privilégie le dessous des cartes. Titre éloquent, *L'Envers de l'histoire contemporaine* conviendrait pour désigner cette écriture de la politique souterraine. Plutôt que d'explorer les hautes sphères du pouvoir, Balzac en illumine les bas-fonds ou les coulisses mystérieuses. Certes, il se coule ainsi dans

« La vanité, c'est toujours le moi. La vanité ne se satisfait que par des flots d'or. Nos fantaisies veulent du temps, des moyens physiques ou des soins ! Eh bien ! l'or contient tout en germe, et donne tout en réalité. »

Gobseck, 1830

le moule du roman populaire, ouvrant sur l'univers des complots et du crime. Les agissements dans l'ombre des criminels et des policiers, leurs ruses, leurs déplacements furtifs incarnent la véritable nature sociale et son fonctionnement. S'explique alors la place qu'occupe dans l'œuvre de Balzac l'*Histoire des Treize*, ces personnages liés par un pacte. S'ils ont compris que le pouvoir est une conspiration permanente, les Treize sont aussi une «bande», et renvoient à une dimension essentielle de *La Comédie humaine*.

Chevaliers de la Désœuvrance, frères de la Consolation, Cénacle... Balzac établit des microsociétés à l'intérieur d'un univers déréglé, réduit au jeu des intérêts et des passions incontrôlées. Le roman propose un ordre idéal, condamné certes à l'échec, la futilité ou l'anonymat, mais dont la vertu essentielle reste d'intégrer des individus dans un système de valeurs, et donc de donner sens à leur vie en mobilisant leur volonté au lieu de la laisser exercer à vide sa puissance destructrice. La bande est une force, elle concentre dès lors le principe d'énergie, fondateur de l'entreprise balzacienne, comme il le fut de l'épopée napoléonienne.

❞ Parmi les démons (de la filiation de Caïn), il s'en trouve, de temps en temps, de terribles, à organisations vastes, qui résument toutes les forces humaines, et qui ressemblent à ces fiévreux animaux du désert, dont la vie exige les espaces immenses qu'ils y trouvent. Ces gens-là sont dangereux dans la Société comme des lions le seraient en pleine Normandie ! ❞
Splendeurs et misères des courtisanes

«Notre Napoléon littéraire» (Paul Bourget)

«Je fais partie de l'opposition qui s'appelle la vie» : Balzac est aussi dans l'opposition politique à partir de 1832, pendant les dix-huit dernières années de la monarchie bourgeoise de Juillet. De la France louis-philipparde, il trace un tableau sans

Le redoutable Maxime de Trailles (dessiné ci-dessus par Théophile Gautier) ou Vautrin, chez qui se retrouvent certains traits de Vidocq (à gauche), parcourent *La Comédie humaine* en véritables prédateurs.

Prince des voleurs, Vautrin (ci-contre représenté par Daumier) explique le monde à Rastignac dans le jardin de la pension Vauquer : «Savez-vous comment on fait son chemin ici ? par l'éclat du génie ou par l'adresse de la corruption. Il faut entrer dans cette masse d'hommes comme un boulet de canon, ou s'y glisser comme une peste. L'honnêteté ne sert à rien» *(Le Père Goriot).*

équivoque : «Qu'est-ce que la France de 1840 ? Un pays exclusivement occupé d'intérêts matériels, sans patriotisme, sans conscience, où le pouvoir est sans force, où l'Election, fruit du libre arbitre et de la liberté politique, n'élève que les médiocrités, où la force brutale est devenue nécessaire contre les violences populaires, et où la discussion, étendue aux moindres choses, étouffe toute action du corps politique ; où l'argent domine toutes les questions, et où l'individualisme, produit horrible de la division à l'infini des héritages qui supprime la famille, dévorera tout, même la nation, que l'égoïsme livrera quelque jour à l'invasion» (*Sur Catherine de Médicis*, 1842). Décapante lucidité qui explique pourquoi Balzac croit à la nécessité d'un pouvoir fort et légitime destiné à restituer sa cohésion à la société. D'un côté un monarque qui, par l'énergie et le charisme, ressemblerait à Napoléon, de l'autre la religion qui cimente la société.

Comme l'Empereur, Balzac violente l'Histoire. L'un voulut inscrire son rêve en Europe, l'autre sur le papier. Tous deux révélèrent cette Histoire en la bousculant, parce qu'ils refusaient de s'y soumettre, parce qu'ils étaient habités d'un songe. De ce point de vue, Balzac est le plus politique de nos écrivains, mais

La monarchie de Juillet exalte les vertus domestiques du roi bourgeois (ci-dessus, Louis-Philippe et sa famille). Mais *La Comédie humaine* dévoile la réalité : «Il n'y a plus de Famille aujourd'hui, [...] il n'y a plus que des individus! Les nobles ne sont plus solidaires. Aujourd'hui on ne vous demande pas si vous êtes un Portenduère, si vous êtes brave, si vous êtes un homme d'Etat, tout le monde vous dit : Combien payez-vous de contributions?» (*Ursule Mirouet*, 1841). Ainsi s'énonce la véritable loi de la nouvelle société : «Au lieu d'avoir des croyances, nous avons des intérêts» (*Le Médecin de campagne*, 1833).

faute de pouvoir transformer le monde, il l'a interprété. Un jour – déjà levé peut-être –, cette interprétation apparaîtra fantasmatique, ou légendaire. Elle est à coup sûr mythique, chronique d'un monde disparu ou récit fabuleux de nos origines.

En statufiant Balzac tel un menhir, Rodin, dont on voit ici une étude pour le monument qui se trouve boulevard Raspail à Paris, a su saisir la «mélancolie de la suprême puissance» qui est peut-être le destin du génie.

‟Il sentit en dedans de lui quelque chose d'immense que la terre ne satisfaisait plus. Il passait la journée à étendre ses ailes, à vouloir traverser les sphères lumineuses dont il avait une intuition nette et désespérante. Il se dessécha intérieurement, car il eut soif et faim de choses qui ne se buvaient ni se mangeaient, mais qui l'attiraient irrésistiblement. Ses lèvres devinrent ardentes de désir comme l'étaient celles de Melmoth, et il haletait après l'Inconnu, car il connaissait tout. […] Riche de toute la terre, et pouvant la franchir d'un bond, la richesse et le pouvoir ne signifièrent plus rien pour lui. Il éprouvait cette horrible mélancolie de la suprême puissance à laquelle Dieu et Satan ne remédient que par une activité dont le secret n'appartient qu'à eux.**”**
Melmoth réconcilié,
1835

«Un pareil cercueil démontre l'immortalité» (Victor Hugo)

Le 21 août 1850, c'est l'enterrement en troisième classe. Au Père-Lachaise, là où Rastignac avait jeté son défi à Paris, Victor Hugo prend la parole : «Ce travailleur puissant et jamais fatigué, ce philosophe, ce penseur, ce poète, ce génie a vécu

Balzac se doit de figurer en excellente compagnie sur cette gravure de Bertall, «Le Panthéon du diable à Paris : la poésie, la philosophie, la littérature». Mais cette gloire fut chèrement acquise. Conscient des conséquences de son infernal labeur, Balzac fut très tôt hanté par le vieillissement.

❝Les travaux exorbitants de mes quinze ou dix-huit heures par jour emportent tout. La nature est implacable, et quand on essaie de la frauder, elle est plus dure que la cour d'Assises n'est dure parce qu'elle est plus logique. Ma vie gagne le cerveau; la forme s'épaissit par inactivité du corps. Le siège principal de la combustion est en haut. La sobriété, l'abstinence des vrais moines maintient encore l'équilibre, mais le moindre excès le détruirait. Par moments, je me lasse. [...] J'ai peur d'avoir mangé beaucoup sur mon capital. Ce sera curieux de voir mourir jeune l'auteur de *La Peau de chagrin.*❞
Correspondance, 1834

parmi nous une vie d'orages, de luttes, de querelles, de combats, commune dans tous les temps à tous les grands hommes. Aujourd'hui le voici en paix. Il sort des contestations et des haines. Il entre le même jour dans la gloire et dans le tombeau.»

Eve de Balzac tombe dans les bras de Champfleury, avant de revenir dans ceux du peintre Gigoux, avec qui elle vivra de 1852 à 1882. Le mariage a-t-il tué le roman d'amour, confirmant ainsi les aperçus du romancier, voyant et visionnaire, implacable réaliste et prince de l'imagination ? Dans la 48e division du Père-Lachaise, où, face au monument de Balzac, se dresse celui de Gérard de Nerval, payé par Alexandre Dumas, se pressent les ombres balzaciennes. Fascinantes figures poétiques, êtres de papier déclinant le poème de la réalité humaine, elles montent la garde, dans un silencieux bruissement. Dialoguent-elles avec leur géniteur ? Ou dansent-elles toujours le grand branle de l'ambition, du rêve et de la passion ?

Echappée du rêve de Balzac, Eve devient la maîtresse de Gigoux, qui la peint, ainsi que son salon.

TÉMOIGNAGES
ET DOCUMENTS

«Le vrai poète doit rester caché comme Dieu,
dans le centre de ses mondes,
n'être visible que par ses créations.»
Modeste Mignon

Balzac de A à Z

Géant littéraire, moderne Prométhée, Balzac fut, selon Lamartine, «un homme de la race de Shakespeare, dont la sève était variée, large et profonde comme le monde». Sa vie même ressemble à un roman de la création et de la passion. A une telle existence, à une telle œuvre, à un tel être, rien, semble-t-il, ne saurait rendre décemment justice. Mais ce petit vade-mecum donne l'illusion de les rassembler.

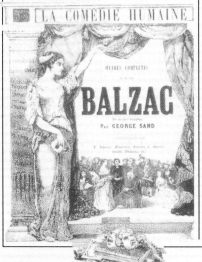

Abrantès (Laure Saint-Martin Permon, duchesse d') : veuve du Maréchal Junot, femme de lettres au soir de sa vie (1784-1838), elle rédigea, peut-être avec l'aide de Balzac qu'elle rencontra en 1826, des *Mémoires* en 18 volumes (1831-1835).

Académie française : Balzac eut l'ambition d'y entrer dès 1836. A plusieurs reprises, il s'effaça devant des concurrents de ses amis ou qu'il estimait plus dignes que lui d'y accéder, tels Hugo et Vigny. Ceux-ci essayèrent de le patronner. En vain. En 1849, alors qu'il se trouve à Wierzschownia, il est successivement candidat à deux fauteuils, dont celui de Chateaubriand. Il n'obtient que deux voix.

Adaptations théâtrales : plusieurs œuvres de Balzac furent adaptées à la scène par d'autres. Cette pratique courante à l'époque ne rapportait rien à l'auteur du roman, et les transformations opérées rendaient parfois méconnaissable l'ouvrage de départ. Ainsi *Le Gars*, tiré des *Chouans** par Béraud et joué à l'Ambigu en 1837. *Eugénie Grandet** devint *Les Filles de l'avare* et *La Recherche de l'absolu**, *Le Rêve d'un savant*. En 1834, Alexis de Camberousse fait de *La Duchesse de Langeais** *L'Ami Grandet* (!). *La Physiologie du mariage** se métamorphosa en un vaudeville, *Dieu vous bénisse*. Balzac ne fit lui-même qu'une adaptation, *Vautrin**, qui s'écroula dès la première représentation.

Adieu : récit paru dans *La Mode* en 1830 sous le titre *Souvenirs soldatesques* (*Scènes de la vie privée* puis *Études philosophiques*). La comtesse Stéphanie de Vandières franchit avec son mari la Berezina, mais doit adresser un dernier adieu à son amant Philippe de Sucy, resté sur l'autre rive, alors que le comte meurt. Philippe revient six ans après; il la retrouve dans un asile d'aliénés car la douleur l'a rendue folle. Elle le reconnaît au récit qu'il lui fait des événements tragiques, mais le choc est trop fort : elle meurt en lui disant adieu. Il se suicide.

d'une intrigante, tombée amoureuse de lui et qui veut à tout prix l'épouser. Désespéré, il entre au monastère de la Grande Chartreuse.

Alençon : Balzac s'y rendit en 1825 puis en 1828. Il y situe l'intrigue des *Chouans** et du *Cabinet des antiques**.

Ananas (plantations d') : Balzac voulut se lancer dans cette culture inattendue aux Jardies* en plantant 100 000 pieds installés dans des serres.

Annette et le criminel : roman qui fait suite au *Vicaire des Ardennes**, paru en 1824 sous la signature d'Horace de Saint-Aubin. Il deviendra *Argow le pirate* en 1836.

LA PEAU DE CHAGRIN, PAR M. DE BALZAC

Agoult (Marie de Flavigny, comtesse d') : femme de lettres (1805-1876) sous le pseudonyme de Daniel Stern, auteur de *Nélida*, amante de Liszt, dont Balzac s'inspira en partie pour l'héroïne éponyme de *Béatrix**.

Ajaccio : Balzac y séjourna en mars-avril 1838, lors de son voyage en Sardaigne où il comptait exploiter des mines d'argent. Il y retrouva le souvenir de Napoléon.

Albert Savarus : roman paru dans *Le Siècle* du 29 mai au 11 juin 1842, et figurant dans les *Scènes de la vie privée*. Le héros, jeune homme brillant, journaliste, puis avocat, mène une vie austère et veut se rendre illustre et digne de la femme qu'il aime. Mariée à un vieil époux, elle doit l'épouser sitôt qu'elle sera libre. Entre-temps, il est victime

Armorial de *La Comédie humaine* : le comte de Gramont établit les blasons et devises des principaux personnages de *La Comédie humaine**.

Arthez (baron Daniel d') : grand écrivain membre du Cénacle* qui aide Lucien de Rubempré à ses débuts (*Illusions perdues**), et qui tombe amoureux de la princesse de Cadignan (*Les Secrets de la princesse de Cadignan**).

Articles : l'activité journalistique de Balzac fut considérable, tant dans les revues et journaux de ses amis ou relations (en particulier *La Caricature**) que dans les publications qu'il créa et dirigea. Ses articles concernent la littérature (*Études sur M. Beyle*), la politique, les mœurs, la vie parisienne. On y trouve souvent des types ou des situations exploités dans *La Comédie humaine**.

Artiste (L') : revue fondée en 1831, qui publia Balzac, en particulier *La Transaction*, devenu *Le Colonel Chabert**.

Auberge rouge (L') : récit publié en août 1831 dans *La Revue de Paris* et intégré aux *Études philosophiques*. Le banquier Taillefer a assassiné dans une auberge un riche Allemand pour lui voler sa fortune. Il se trouve mal quand on raconte dans un salon l'histoire de l'homme innocent qui a été exécuté pour ce crime, et meurt peu après. C'est le père de Victorine Taillefer que l'on retrouve dans *Le Père Goriot**.

Autre Étude de femme : suite de récits parus en volume en 1842 (*Scènes de la vie privée*), rassemblant des textes parus à diverses époques. Plusieurs personnages réunis chez Félicité des Touches* racontent des histoires. L'épisode le plus connu s'intitule *La Grande Bretèche*, dans lequel un mari jaloux mure le cabinet où s'est caché l'amant de sa femme, à laquelle il avait fait jurer sur un crucifix qu'il n'y avait personne. Chaque fois qu'elle tente un geste ou une parole, il lui répète : «Vous avez juré sur la croix qu'il n'y avait là personne.»

Avant-Propos de *La Comédie humaine* : daté de juillet 1842, publié en octobre-novembre, il expose les principes qui président à l'organisation de *La Comédie humaine*. Comme il existe des espèces zoologiques, on peut distinguer des espèces sociales. Le romancier moderne doit écrire l'histoire des mœurs, et étudier les causes des effets sociaux, en écrivant «à la lueur de deux vérités éternelles : la Religion, la Monarchie».

Bal de Sceaux (Le) : roman publié en avril 1830 et intégré aux *Scènes de la vie privée*. Fille du comte de Fontaine, Emilie ne veut épouser qu'un pair de France. Au cours d'un bal, elle rencontre Maximilien de Longueville, qui tombe amoureux d'elle. Elle rompt en apprenant qu'il vend du tissu, et se résigne à épouser son grand-oncle septuagénaire. Maximilien devient pair de France à la suite de décès familiaux. Emilie aurait dû choisir le «roi de cœur». On la retrouve veuve et mariée à Charles de Vandenesse* (*Une fille d'Eve**).

Balssa (ou **Balsa**) : nom d'origine de la famille Balzac dont l'ascension commence avec le père d'Honoré, aîné d'une famille de onze enfants. Famille paysanne du Tarn depuis des siècles.

Balthazar : cartomancien que consulta Balzac et qui lui aurait prédit, en précisant la date, l'arrivée de la lettre annonçant la mort de M. Hanski.

Balzac (Bernard-François) : père du romancier. Né en 1746, il transforme son nom en Balzac, monte à Paris, se marie en 1797 et occupe plusieurs fonctions importantes à Tours. Robuste, franc-maçon, d'esprit curieux, il dilapidera sa fortune avant de mourir des suites d'un accident de voiture en 1829.

Balzac (Henri de) : frère d'Honoré (1807-1858), en fait fils de M. de Margonne*. Il partit chercher fortune à l'île Maurice, y épousa une créole, fut ruiné par l'abolition de l'esclavage et revint en France. Sa mère, dont il était l'enfant préféré, essaya de lui trouver une situation. Honoré fut le parrain de son fils, dont on a perdu la trace. Henri repartit pour les îles et mourut aux Comores. Sa vie aventureuse et dispendieuse aggrava la situation de son frère.

Balzac (Laure de) : voir Surville*.

Balzac (Laurence de) : voir Montzaigle*.

Balzac (Louis-Daniel) : premier enfant des époux Balzac, né le 20 mai 1798. Il ne vécut que trente-trois jours. On attribua sa mort à l'insuffisance de l'allaitement maternel, et c'est pour cela qu'Honoré fut placé en nourrice.

Balzac (Mme Bernard-François, née Anne-Charlotte-Laure Sallambier) : mère du romancier. Née d'une famille parisienne, jolie et cultivée, elle était portée au mysticisme. Elle n'étouffa pas Honoré de son affection maternelle, et, bien qu'elle se chargeât avec dévouement de ses relations publiques, ses rapports avec son fils, marqués par la question d'argent, furent épineux. Elle mourut en 1854.

Balzac d'Entragues (de) : illustre famille française. Henriette, duchesse de Verneuil, fut une des maîtresses d'Henri IV. Balzac adopta leurs armoiries en 1830.

Bandes : *La Comédie humaine** met en scène plusieurs bandes. Chevaliers de la Désœuvrance*, Frères de la Consolation (*L'Envers de l'histoire contemporaine**), Cénacle*... : Balzac établit des micro-sociétés à l'intérieur d'un univers déréglé, réduit au jeu des intérêts et des passions incontrôlées. Le roman propose ainsi un ordre idéal, condamné certes à l'échec, la futilité ou l'anonymat, mais dont la vertu essentielle reste d'intégrer des individus dans un système de valeurs, et donc de donner sens à leur vie en mobilisant leur volonté au lieu de la laisser exercer sa puissance destructrice pour son foyer même. Le monde romanesque redouble alors ses lois de cohérence par la régie du groupe, la définition de sa portée idéologique, la rentabilité pour l'intrigue de ses liens et de la conjonction de ses caractères. La bande est une force, elle concentre dès lors le principe d'énergie, fondateur de l'entreprise balzacienne.

Bargeton (de) : famille d'Angoulême qui figure dans *Illusion perdues**. On retrouve Mme de Bargeton, née Négrepelisse, aimée de Lucien, devenue baronne Sixte du Châtelet, dans *Splendeurs et misères des courtisanes**.

Baudoyer (famille) : les aventures d'Isidore et de sa femme Elisabeth sont contées dans *Les Employés**. Isidore reparaît dans *Le Cousin Pons**.

Bauvan (comte Octave de) : voir *Honorine*. Il reparaît dans *Splendeurs...**.

Béatrix : roman paru en feuilleton dans *Le Siècle* en avril et mai 1839. La 3e partie parut dans *Le Messager* en décembre 1844 et janvier 1845. L'ensemble est intégré aux *Scènes de la vie privée*. Femme de lettres sous le pseudonyme de Camille Maupin, Félicité des Touches tient un brillant salon et, en Italie, tombe amoureuse du chanteur

Conti, pour qui elle écrit deux opéras. Conti se laisse enlever par une redoutable coquette, la marquise Béatrix de Rochefide. Après quatre ans, Béatrix revient en France et rencontre chez Félicité le candide Calyste du Guénic. Elle le séduit et le quitte sans lui avoir cédé. Félicité, qui aime le jeune homme, mais s'estime trop vieille pour lui, veut son bonheur et le marie à Sabine de Grandlieu, avant d'entrer en religion. Béatrix séduit de nouveau Calyste, qui finit par revenir à sa femme pour lui rester fidèle.

Beaupré (Fanny) : actrice qui est la maîtresse de plusieurs personnages.

Beauséant (Claire de Bourgogne, vicomtesse, puis marquise de) : ses aventures amoureuses sont narrées dans *La Femme abandonnée**. Miguel d'Ajuda-Pinto la quitte dans *Le Père Goriot**, et c'est chez elle que Rastignac rencontre Mme de Restaud*, l'une des filles du père Goriot.

Béchet (Louise-Marie-Julienne, veuve) : veuve de l'éditeur Pierre-Adam Charlot, connu sous le nom de Charles Béchet, elle conclut en 1833 avec Balzac un contrat pour les *Etudes de mœurs au XIXe siècle*.

Belloy (Auguste de) : ami de Balzac (1812-1871) qui l'aida à financer l'achat de *La Chronique de Paris** en 1836 et se chargea de la réédition des *Œuvres complètes* d'Horace de Saint-Aubin.

Berlioz (Hector) : célèbre compositeur (1803-1869) à qui Balzac dédia *Ferragus**. Il assista à ses obsèques.

Bernard (Pierre-Marie-Charles de Bernard du Grail, dit Charles de) :

romancier qui écrivit un article élogieux sur *La Peau de chagrin** dans *La Gazette de Franche-Comté*. Balzac le fit venir à Paris et en fit un collaborateur de *La Chronique de Paris**. *Sarrasine** lui est dédié.

Berny (Alexandre de) : sixième fils de Madame de Berny* (1809-1882), il reprit en main l'affaire de fonderie* de caractères. Balzac lui a dédié *Madame Firmiani**.

Berny (Laure Hinner, Mme de) : la Dilecta (1777-1836) était fille d'une femme de chambre de Marie-Antoinette. Balzac la rencontra en 1821. Elle fut une maîtresse attentive et une précieuse amie.

Bianchon (docteur Horace) : un des personnages les plus fréquents de la *Comédie...**. On le retrouve au chevet des personnages dont la maladie, les blessures ou la mort comptent dans la trame dramatique du roman. Il représente le type du médecin au diagnostic sûr. Etudiant dans *Le Père Goriot**, il devient vite membre du Cénacle* et un éminent savant. Il soigne son maître Desplein (*La Messe de l'athée**), Lucien (*Illusions perdues**), Mme Philippe Bridau *(La Rabouilleuse**)*, Nucingen (*Splendeurs...**, roman où il apparaît souvent), sauve Pierrette Lorrain (*Pierrette**). On le voit dans *La Cousine Bette*, Honorine*, La Muse du département**... au total dans 24 romans.

Bibi-Lupin : ancien forçat devenu chef de la Sûreté. Il hait Vautrin, qui deviendra son adjoint, puis le remplacera. Il doit beaucoup à Vidocq*.

Birotteau (abbé François) : il envoie ses économies à son frère César, confesse

Mme de Mortsauf (*Le Lys dans la vallée**) et se voit persécuté dans *Le Curé de Tours**.

Birotteau (César) : voir *Grandeur et décadence de César Birotteau**.

Bixiou (Jean-Jacques) : personnage reparaissant (*La Peau de chagrin**, *Les Employés**, *La Maison Nucingen**, *Splendeurs...**, La Rabouilleuse**...*). Un temps employé au ministère des Finances, c'est un caricaturiste et un mystificateur redoutable, et l'un des personnages drôles de la *Comédie...**.

Blondet (Emile) : reparaissant comme le précédent (*Le Cabinet des antiques, Une fille d'Eve**, Autre Etude de femme, Les Secrets de la princesse de Cadignan**, Illusions perdues**, Splendeurs...**). Brillant journaliste et causeur, familier des salons, il se signale par son esprit de rosserie. Il finit par épouser dans *Les Paysans** Virginie de Troisville, comtesse de Montcornet, dont il est longtemps l'amant.

Bonald (Louis de) : homme politique et théoricien contre-révolutionnaire (1754-1840) dont les idées eurent une grande influence sur Balzac.

Borel (Henriette) : gouvernante d'Anna Hanska, appelée familièrement Lirette. Balzac l'aida à entrer en religion au couvent des sœurs de la Visitation à Paris en 1844.

Boulanger (Louis) : peintre (1806-1867) qui exécuta un portrait de Balzac exposé au Salon de 1837. Honoré expédia le tableau à Wierzchownia, et dédia *La Femme de trente ans** à son auteur. Il se plaindra de ce que la toile soit devenue une croûte hideuse.

Bouleaunière (La) : propriété située près de Grez-sur-Loing (Seine-et-Marne) que Mme de Berny* loua pour y passer l'été avec son fils. Balzac s'y réfugia en 1829 pour échapper à ses créanciers.

Bourse (*La*) : nouvelle parue en 1832 et incluse dans les *Scènes de la vie privée*. Le jeune peintre Hippolyte Schinner est amoureux d'Adélaïde Leseigneur de Rouville, discrètement aidée ainsi que sa mère par le vieil amiral de Kergarouët, qui fait exprès de perdre au jeu chez ses amies. Hippolyte perd un jour sa bourse chez elles, et se la voit remplacer par une neuve amoureusement brodée par Adélaïde, qu'il finit par épouser.

Brandon (Lady) : héroïne, sous le nom de Mme Willemsens, de *La Grenadière**.

Bridau (Joseph) : frère de Philippe (*La Rabouilleuse**), peintre appartenant au Cénacle*. Il reparaît dans plusieurs romans.

Bridau (Philippe) : frère du précédent (Joseph). Sa vie est racontée dans *La Rabouilleuse**.

Bruel (Jean-François du) : employé au ministère des Finances (*Les Employés**), il écrit sous le pseudonyme de De Cursy, et épouse la danseuse Tullia, qui le fera accéder aux plus hautes dignités (*Un prince de la bohème**).

Brugnol (Mme de) : de son vrai nom Philiberte Jeanne Louise Breugnot (1803-1874), elle sert de prête-nom à Balzac pour son logement de la rue Basse. Recommandée par Marceline Desbordes-Valmore, elle fut sa gouvernante et probablement plus. Surnommée La Chouette dès la première venue de Mme Hanska à Paris, elle voulut faire chanter Balzac grâce à une partie de la correspondance qu'elle avait détournée. Balzac lui remit 13 000 F, après avoir renoncé à un procès.

Buisson : célèbre tailleur, sis 108 rue de Richelieu, chez qui Balzac eut un pied-à-terre en 1838. Il habilla régulièrement le romancier, et en fut payé plus irrégulièrement. Mais Balzac lui fit de la publicité en le désignant comme tailleur de plusieurs personnages élégants de *La Comédie…**, tel Félix de Vandenesse*.

Cabinet des antiques (***Le***) : roman paru en mars 1836 dans *La Chronique de Paris* puis en septembre-octobre 1838 dans *Le Constitutionnel*. L'ensemble paraît en 1839 et fait partie des *Scènes de la vie de province*. Suite chronologique de *La Vieille fille**, se déroulant à Alençon*, il traite des rivalités de la vieille noblesse (la famille d'Esgrignon*, dont le salon est surnommé par dérision le «Cabinet des antiques») et de la bourgeoisie (Du Croisier).

Cadignan (famille de) : illustre famille, dont les plus importants personnages sont le duc de Maufrigneuse, qui devient prince de Cadignan et qui reparaît régulièrement, Mme Firmiani* et Diane d'Uxelles, princesse de Cadignan. Elle subjugue et ruine Victurnien d'Esgrignon (*Le Cabinet des antiques**), est la

maîtresse de Lucien de Rubempré* (*Splendeurs…**), avant de devenir celle de Daniel d'Arthez*, avec qui elle connaît le parfait bonheur (*Les Secrets de la princesse de Cadignan**).

Café : Balzac utilisait un mélange de trois variétés – martinique, moka et bourbon –, et avait pour chacune un fournisseur attitré. Il dut à plusieurs reprises s'abstenir en raison des troubles nerveux que lui valait la consommation abusive de cet excitant.

Camusot (baron) : riche marchand de soieries, qui se consacre à la politique (*Le Cousin Pons**). Il a pour maîtresse Coralie*, qui le quitte pour Lucien (*Illusions perdues**).

Camusot de Marville : magistrat, né du premier mariage du précédent. A Alençon*, il s'occupe de l'affaire de Victurnien d'Esgrignon (*Le Cabinet des antiques**). A Paris, où il remplace Popinot*, il intervient dans l'affaire de la marquise d'Espard* (*L'Interdiction**), et joue surtout un rôle important dans l'instruction du cas Lucien (*Splendeurs…**). Sa femme, née Marie-Cécile-Amélie Thirien, l'aide dans sa carrière et le conseille habilement. Elle manœuvre pour obtenir la succession du cousin Pons*.

Canalis (Constant-Cyr, Melchior, baron de) : poète que l'on voit surtout dans *Illusions perdues**, *Modeste Mignon** et *Un début dans la vie**. Il accède à tous les honneurs. Balzac semble s'être inspiré de Lamartine pour ce personnage.

Canel (Urbain) : éditeur qui publia plusieurs œuvres de Balzac et fonda avec lui une société pour éditer les classiques. Voir Editeurs*.

Canne : parmi les nombreuses cannes que posséda Balzac, très attaché à cet indispensable accessoire de toute panoplie d'élégant, la plus célèbre, celle que Delphine de Girardin décrit dans *La Canne de M. Balzac*, avait un pommeau incrusté de turquoises.

Cardot (famille) : Jean-Jérôme-Séverin est le beau-père de Camusot* à qui il cède son commerce de soieries. Il mène une vie de libertin. Son fils sera notaire et figure dans plusieurs romans.

Caricature (*La*) : journal satirique hebdomadaire fondé en novembre 1830, où s'illustrèrent des dessinateurs comme Daumier ou Gavarni. Entre 1830 et 1832, Balzac lui donna de nombreux articles, généralement courts. Il signait rarement de son nom, et souvent d'un pseudonyme* : Henri B..., le comte Alex. ou Alexandre de B..., Alfred Coudreux, Eugène Morisseau.

Carigliano (maréchal duc et duchesse de) : si le maréchal apparaît peu, la duchesse, née Malin de Gondreville, a de nombreux amants, dont le colonel d'Aiglemont (*La Maison du Chat-qui-pelote**), et tient un brillant salon. Rastignac* assiste chez elle à un bal (*Le Père Goriot**).

Carraud (Mme Zulma) : amie dévouée de Balzac (1796-1889), épouse d'un officier d'artillerie. Les époux Carraud reçurent Balzac dans leur propriété de la Poudrerie, près d'Angoulême, puis de Frapesle*.

Castries (Claire-Clémence-Henriette-Claudine de Maillé, marquise de) : née en 1796, cette aristocrate descendant des plus hautes familles n'était pas heureuse en ménage. En 1831, elle envoya une lettre anonyme à Balzac, avant de le recevoir. Le romancier adopta ses idées légitimistes; elle se refusa pourtant à un amour autre que platonique. *La Duchesse de Langeais** transposera la rupture.

Catéchisme social : suite de notes qui devaient constituer un essai sur le pouvoir, largement inspiré de la doctrine de Louis de Bonald*.

Cénacle (le) : groupe d'intellectuels et d'artistes figurant dans *Illusions perdues**, composé de neuf membres. Le président, Louis Lambert*, puis d'Arthez*, Joseph Bridau*, Giraud, Ridal, Bianchon*, Rubempré*, Mayraud, Michel Chrestien*.

Centenaire (Le) ou Les Deux Beringheld : roman paru en 1822 chez Pollet sous la signature d'Horace de Saint-Aubin, qui transpose dans le monde moderne le *Melmoth ou L'Homme errant* de Maturin (1820), et combine fantastique et roman noir. Voir Romans de jeunesse*.

Cerizet : enfant trouvé, engagé par David Séchard dans *Illusions perdues**, où il s'avère malhonnête. Après divers métiers, il devient même sous-préfet (*La Maison Nucingen**). Il s'associe à l'homme d'affaires véreux Claparon (*Un homme d'affaires**). Il vit d'usure et d'escroquerie dans plusieurs romans.

Champfleury (Jules Husson, dit Fleury, dit) : romancier (1821-1889), chef de l'école réaliste, il fut secrétaire de l'éditeur des œuvres complètes posthumes de Balzac, et, pendant trois mois, l'amant d'Eve de Balzac.

Chargebœuf (famille) : vieille famille noble dont on retrouve les membres dans plusieurs romans.

Chasles (Philarète) : bibliographe et critique (1798-1873) qui écrivit en septembre 1831 l'«Introduction» aux *Romans et contes philosophiques**.

Châtelet (comte et comtesse Sixte du) : ils jouent un rôle important dans *Illusions perdues** et retrouvent Lucien dans S*plendeurs...**. Le comte apparaît dans *L'Interdiction**, les époux dans *Les Employés**.

Chaulieu (famille) : famille de haute noblesse, apparaissant dans plusieurs romans, qui comprend le duc Henri, la duchesse, née Eléonore de Vaurémont (qui a une longue liaison avec Canalis* dans *Modeste Mignon**), Mᗪˡᵉ de Chaulieu, carmélite; Alphonse, duc de Rhétoré; son frère, marquis de Chaulieu, qui épouse Madeleine, fille d'Henriette de Mortsauf.

Chef-d'œuvre inconnu (Le) : nouvelle parue du 31 juillet au 6 août 1831 dans *L'Artiste*, et qui appartient aux *Etudes philosophiques*. Au XVIIᵉ siècle, le peintre Frenhofer travaille sans cesse au portrait d'une courtisane, Catherine Lescaut, dite la belle Noiseuse, mais ne parvient qu'à un tableau confus où se distingue un pied. Il meurt en mettant le feu à ses toiles. En 1991, J. Rivette s'en est inspiré pour son film, *La Belle Noiseuse*.

Chênes : Balzac envisagea d'exploiter les chênes des forêts appartenant au comte Mniszech pour en faire des traverses de chemin de fer, et espérait en tirer un bénéfice mirobolant (420 000 F). Surville* refera les calculs et convaincra Balzac de l'inanité du projet.

Chesnel (Maître) : notaire des familles nobles d'Alençon* (*La Vieille Fille** et *Le Cabinet des antiques**).

Chevaliers de la Désœuvrance (ordre des) : société secrète de jeunes gens qui, pour se désennuyer, jouent des farces aux habitants d'Issoudun (*La Rabouilleuse**). C'est l'une des bandes* de *La Comédie humaine**.

Cheval-Rouge (le) : restaurant situé sur les quais où Balzac se retrouvait avec quelques amis, réunis en confrérie nommée d'après le restaurant.
Il s'agissait de former une sorte de franc-maçonnerie utilisant notamment la presse pour conquérir honneurs et places. L'entreprise fut de courte durée. Voir l'*Histoire des Treize**.

Chouans (Les) ou La Bretagne en 1799 : d'abord intitulé *Le Dernier Chouan ou La Bretagne en 1800*, c'est le premier roman paru sous la signature Balzac (mars 1829). Remanié en 1834, il figure dans les *Scènes de la vie militaire*. Balzac voulait écrire un diptyque avec *Les Vendéens*, qui ne parut jamais. Ce roman historique met en scène le chef républicain Hulot*, aidé du policier Corentin*, chargés de capturer le marquis de Montauran, chef chouan sous le nom du Gars. Marie de Verneuil, initialement chargée de séduire le Gars pour le faire tomber dans un piège, s'en éprend, et meurt avec lui. Défiguré au théâtre en 1837, le roman sera porté à la scène plus fidèlement en 1895 et adapté au cinéma.

Chrestien (Michel) : belle figure d'idéaliste républicain, membre du Cénacle*. Après un duel avec Lucien (*Illusions...**), il est amoureux de la princesse de Cadignan et lui adresse une lettre avant de mourir sur la barricade de la rue Saint-Merri en 1832 (*Les Secrets...**).

Chronique de Paris : «journal politique et littéraire» paraissant deux fois par semaine, acheté par Balzac, et qu'il dirigea de 1835 à 1837. Plusieurs nouvelles et romans y parurent, ainsi que de nombreux articles, parfois non signés, parfois signés de Balzac, parfois encore Mar. O' C. L'affaire fut un échec financier.

Cinéma : voir la filmographie ci-après.

Claparon (Charles) : ce médiocre se lance dans la banque, échappe à la faillite grâce au pouvoir infernal qu'il reçoit et revend dans *Melmoth réconcilié**. Victime de Nucingen et du Tillet, il sombre définitivement dans *La Maison Nucingen**. Il vivra dès lors d'expédients.

Clotilde de Lusignan ou Le Beau Juif : roman historique à la manière de Walter Scott* paru en 1822 sous la signature de lord R'Hoone. Voir Romans de jeunesse*.

Code des gens honnêtes ou L'Art de ne pas être dupe des fripons : étude parue anonymement en 1825, écrite par Balzac et Raisson*. Le voleur y apparaît comme un être supérieur.

Colonel Chabert (Le) : roman paru en 1832 dans *L'Artiste** (*La Transaction*), puis, remanié, en 1835 (*La Comtesse à deux maris*) et qui prend son titre définitif en 1844 (*Scènes de la vie privée*). Laissé pour mort à Eylau, le héros rentre en France et tente de faire valoir ses droits auprès de sa femme, qui s'est remariée au comte Ferraud. L'ambitieuse comtesse se borne à lui offrir une pension pour ne pas briser sa nouvelle situation sociale. Humilié, révolté, le colonel Chabert refuse et retourne à sa vie misérable avant de finir dans un asile de vieillards.

Comédie humaine (La) : titre donné pour la première fois en 1842 à l'ensemble de l'œuvre, jusqu'alors intitulée *Etudes de mœurs au XIXe siècle**. Les *Scènes de la vie privée**, appellation de 1834, regroupait les *Scènes de la vie de province* et les *Scènes de la vie parisienne*. Etaient annoncées les *Scènes de la vie militaire*, celles de la *vie politique*, et celles de la *vie de campagne*. Les *Etudes philosophiques** s'intégreront à *La Comédie humaine*, ainsi que les *Etudes analytiques*. Précédée d'un *Avant-Propos**, elle paraît chez Furne, Dubochet, Hetzel et Paulin de 1842 à 1848 (17 volumes in-octavo). En 1845, Balzac entreprend la rédaction d'un catalogue complet (voir ci-après).

Comédiens sans le savoir (Les) : ouvrage paru en avril 1846 dans *Le Courrier français*. Ce véritable florilège (*Scènes de la vie parisienne*) est l'un des plus curieux textes de Balzac qui adopte un principe de revue d'actualité où défilent des personnages interprétant de courtes scènes avec la participation d'un «compère», Bixiou* ou Léon de Lora.

Contenson : nom d'emprunt de Bernard-Polydor Bryon, baron des Minières, redoutable policier et agent double (voir *L'Envers de l'histoire contemporaine**). Il aide Nucingen à retrouver Esther (*Splendeurs...**).

Contes bruns par une tête à l'envers : recueil dû à la collaboration de Balzac, Philarète Chasles* et Rabou*, paru en 1832. Balzac y a écrit deux contes (*Une conversation entre onze heures et minuit*, *Le Grand d'Espagne*).

Contes drolatiques : trois dizains complets parurent (1832, 1833, 1837) alors que Balzac en avait prévu dix. Pastichant la langue du XVIe siècle, Balzac y accumule les histoires savoureuses.

Contrat de mariage (Le) : roman paru en novembre 1835 sous le titre *La Fleur des pois*, le titre définitif figurant dans *La Comédie humaine** (*Scènes de la vie privée*). A Bordeaux, la belle créole Mme Evangelista veut marier sa fille Nathalie à Paul de Manerville et s'approprier la fortune de son gendre, qu'elle ruine en quelques années, et qui est de surcroît trompé par son épouse.

Coralie : actrice qui est la maîtresse de plusieurs viveurs avant de connaître le grand amour avec Lucien de Rubempré (*Illusions...**).

Corentin : redoutable policier de *La Comédie humaine**. Probable fils naturel de Fouché, il est au centre des sombres intrigues des *Chouans**, d'*Une ténébreuse affaire** et de *Splendeurs...**. Il finit sa carrière dans *Les Petits Bourgeois** en sauvant la fille de son acolyte Peyrade* et en la mariant à Théodose de la Peyrade.

Courtisanes : elles sont environ une trentaine dans *La Comédie...**. Il s'agit plutôt de demi-mondaines pour qui les hommes font des folies. Outre Esther*, on peut citer Josepha Mira (*La Cousine Bette**), Malaga (*La Fausse Maîtresse**) et la non-professionnelle Valérie Marneffe (*La Cousine Bette**).

Cousin Pons (Le) : roman paru de mars à mai 1847. Musicien qui fut célèbre, Sylvain Pons vit pauvrement mais est un collectionneur acharné. Il se lie avec un autre musicien, Schmucke. Ne pouvant marier son ami le banquier Brunner avec

sa cousine Cécile Camusot* de Marville, et étant rendu responsable de cet échec par Mme Camusot, il dépérit et meurt, léguant son bric-à-brac à Schmucke, lequel sera dépouillé grâce aux manœuvres des Camusot.

Cousine Bette (La) : roman paru dans *Le Constitutionnel* d'octobre à décembre 1846. Lisbeth Fischer est la cousine disgraciée et jalouse d'Adeline. Quand celle-ci épouse le baron Hulot, et invite Bette à vivre avec eux à Paris, cette jalousie se mue en haine féroce, d'autant qu'elle entreprend de se venger des fiançailles d'Hortense Hulot avec Wenceslas Steinbock, Polonais exilé dont Bette s'est passionnément éprise. Elle jette la légère Valérie Marneffe dans les bras du libertin baron, qui se ruine et se déshonore pour elle, parvient à faire de Wenceslas l'amant de Valérie, à laquelle elle procure en outre le riche Crevel*. Bette meurt cependant avant d'avoir pu totalement assouvir sa vengeance et assister à la mort de la baronne désespérée par l'ignominieuse conduite de son mari.

Crevel (Célestin) : commerçant enrichi qui reparaît dans plusieurs romans.

Cromwell : tragédie en 5 actes et en vers, inédite du vivant de son auteur, qui fut la première œuvre du jeune Balzac, lequel sera toujours tenté par le théâtre*.

Crottat (Alexandre) : l'un des notaires de *La Comédie...**.

Curé de Tours (Le) : récit paru en 1832 sous le titre *Les Célibataires*, qui reçut son titre définitif en 1839 (*Scènes de la vie de province*). Pensionnaire comme son ambitieux confrère Hyacinthe Troubert de la dévote Mlle Gamard, le bon abbé François Birotteau* rêve de devenir chanoine de la cathédrale Saint-Gatien. Avec la complicité de sa logeuse, Troubert, par de subtiles et implacables manœuvres, s'emploie à chasser Birotteau, avant de le faire interdire par l'archevêque.

Curé de village (Le) : roman paru dans *La Presse* en 1839, il figure dans les *Scènes de la vie de campagne*. A Limoges, Véronique, épouse du banquier Graslin, est secrètement la maîtresse de l'ouvrier porcelainier Tascheron. Celui-ci vole et tue un vieillard pour s'enfuir quand il apprend que Véronique est enceinte. Arrêté, il meurt sans avoir trahi le secret de sa liaison. Véronique passe le reste de sa vie à expier et, avec l'aide de l'ingénieur Gérard, apporte la prospérité au village de Montégnac, dont le curé Bonnet est le collaborateur moral de Véronique, laquelle meurt en odeur de sainteté. Balzac expose des théories sociales et économiques liées à ses idées politiques.

Début dans la vie (Un) : roman paru de juillet à septembre 1842 dans *La Législature* sous le titre *Le Danger des mystifications*. Le titre définitif apparaît dans *La Comédie humaine** (*Scènes de la vie privée*). Dans la diligence entre Paris et L'Isle-Adam, le jeune Oscar Husson fait assaut de vantardise avec ses compagnons de voyage. Ses propos provoquent un drame domestique. Il se rachète plus tard en Algérie en sauvant la vie du fils du comte de Serisy dont il avait calomnié l'épouse.

Dédicaces : presque toutes les œuvres de Balzac sont dédiées à une personnalité. Tantôt pure courtoisie mondaine, tantôt geste d'affection familiale, amicale ou amoureuse, tantôt hommage rendu à de grands artistes, la dédicace balzacienne entre dans une stratégie littéraire qui explique certaines manipulations de dates.

Depril (Auguste) : valet de chambre de Balzac de 1834 à 1837, qui prit son nom pour protéger son anonymat rue des Batailles.

Député d'Arcis (Le) : roman inachevé dont la première partie parut dans *L'Union monarchique* en 1847. Il paraîtra complété par Charles Rabou* en 1854 (*Scènes de la vie politique*). Maxime de Trailles* veut faire une fin dans la politique. Devenu ministre, Rastignac* le charge d'une mission de renseignements sur l'élection délicate d'Arcis-sur-Aube. Maxime s'y emploie à faire élire le candidat du gouvernement, le médiocre Beauvisage, maire de la ville, contre le non moins médiocre Giguet.

Dernière Fée (La) ou La Nouvelle Lampe merveilleuse : roman paru en 1823 sous la signature d'Horace de Saint-Aubin. Voir Romans de jeunesse*.

Derville (Maître) : avoué à Paris, intègre et bon, il s'occupe des intérêts de plusieurs personnages de *La Comédie...*

Desplein (baron) : un des grands médecins de *La Comédie...**. Bianchon* est son élève.

Desroches (Maître) : clerc chez Derville*, il s'installe à son compte. Honnête et habile, il aide plusieurs personnages de *La Comédie...**.

Dettes : le meilleur ouvrage sur la question est *Les Comptes dramatiques de Balzac,* par René Bouvier et Edouard Maynial (Paris, Sorlot, 1938), qui détaille les affaires financières de l'écrivain. Les sommes énormes en jeu ne peuvent être aisément converties en francs actuels, mais un coefficient minimal de 5 (ou plus élevé encore : 10? 12? 15?) peut leur être appliqué. Encore cette multiplication ne tient-elle pas compte du véritable pouvoir d'achat, bien supérieur. Voici quelques-unes des dettes parmi les plus importantes :
L'imprimerie* et la fonderie* le laissèrent débiteur de 60 000 F, dont 50 000 à sa famille. Cette dette ne sera pas encore éteinte en 1846. L'acquisition des Jardies* et les aménagements représentent 100 000 F. La liquidation définitive intervient en 1845.

Deurbroucq (Caroline) : veuve établie à Nantes que Balzac songea à épouser vers 1831-1832.

Dévorants (Les) : bande dirigée par Ferragus* (voir Bandes* et *Histoire des Treize**).

Dilecta (La) : surnom de Mme de Berny*.

Double famille (Une) : roman paru en avril 1830 sous le titre *La Femme vertueuse*. Il appartient aux *Scènes de la vie privée*. Caroline Crochard, fille d'un colonel d'Empire et d'une brodeuse, est remarquée par le comte Roger de Granville, marié à une femme qui le rend malheureux. Il l'installe rue Taitbout sous le nom de Mlle de Belleville. L'abbé Fontanon viole le secret de la confession de Mme Crochard agonisante et révèle tout à Mme Granville. Caroline quitte le comte et tombe sous l'emprise d'un séducteur, Solvet, qui l'exploite.

Drame au bord de la mer (Un) : nouvelle parue en 1835 (*Etudes philosophiques*). Louis Lambert* transcrit l'histoire de Pierre Cambremer qui, à Guérande, se fait juge et bourreau de son fils Jacques, devenu un horrible chenapan. Il le jette à l'eau après l'avoir fait confesser.

Le Père Goriot

par

Honoré de Balzac

Duchesse de Langeais (La) : 2e épisode de l'*Histoire des Treize**, paru sous le titre *Ne touchez pas à la hache* en 1833-1834. Le titre définitif est donné en 1839 (*Scènes de la vie parisienne*). Antoinette de Navarreins est déçue par son mariage avec le marquis de Langeais. Le général de Montriveau en tombe amoureux fou, mais elle le fait languir. Exaspéré, il la fait enlever et menace de la marquer au front, puis la libère. Antoinette l'aimera, mais au moment où lui la repousse. Désespérée, elle entre en religion dans un couvent espagnol, d'où Montriveau tente de l'enlever, mais trop tard : elle est morte.

Dudley (lady Arabella) : très belle épouse de lord Dudley qui lui laisse toute sa liberté. Jalouse, féroce, passionnée, elle est une des deux héroïnes du *Lys dans la vallée**. Elle tente de séduire d'Arthez* (*Les Secrets...**) et de jeter la comtesse Félix de Vandenesse* dans une aventure avec Nathan* (*Une fille d'Eve**).

Du droit d'aînesse : brochure anonyme rédigée par Balzac en 1824, qui y défend cette thèse ultra.

Ecole des ménages (L') : un des projets de pièces de théâtre qui n'aboutirent pas. Ecrit en 1838, ce drame bourgeois fut proposé au Théâtre-Français puis à la Renaissance, et imprimé en 1839. Voir Théâtre*.

Editeurs : voici une liste des éditeurs de Balzac, qui entreprit avec eux des négociations souvent complexes, et avec qui il eut le plus souvent bien des démêlés. Malheureusement partiel, le meilleur ouvrage sur la question est *Balzac et ses éditeurs, 1822-1837, Essai sur la librairie romantique* par Nicole Felkay, Paris, Promodis, 1987.
– Hubert : *L'Héritière de Birague**, `
Jean-Louis* (1822).
– Pollet : *Le Vicaire des Ardennes**, *Le Centenaire** (1822).
– Barba et Hubert : *La Dernière Fée** (1823).
– Canel et Delongchamps : *Wann Chlore** (1825).
– Canel : *Le Dernier Chouan** (1829),

Les Contes bruns* (1832).
– Canel et Levavasseur : *La Physiologie du mariage** (1829).
– Mame : *Scènes de la vie privée** (1830).
– Gosselin : *Romans et contes philosophiques** (1832), *Contes drolatiques** (1832, 1833).
– Mme Veuve Béchet : réédition des *Scènes de la vie privée*, 1re édition des *Scènes de la vie de province* et *Scènes de la vie parisienne*, *Etudes de mœurs au XIXe siècle**.
– Werdet : il convient d'être l'éditeur exclusif de Balzac à condition de désintéresser les autres. Il fait faillite en 1836.
– Charpentier, Delloye et Tresse, Vimont, de Potter, d'autres encore ...
– Souverain : *Le Curé de village**, *Une ténébreuse affaire** (1843).
– Furne, Dubochet, Hetzel et Paulin : *La Comédie humaine** (1842-1848). On appelle «Furne corrigé» l'exemplaire sur lequel Balzac porta de nombreuses corrections en vue d'une réédition, et dont les éditions critiques modernes se sont servi.
– Chlendowski : *Le Cousin Pons**, *La Cousine Bette** (1847-1848).

Elixir de longue vie (L') *:* nouvelle parue dans *La Revue de Paris** en 1830 (*Etudes philosophiques*). A Ferrare, au XVe siècle, don Juan Belvidere garde pour lui l'élixir composé par son père et dont celui-ci lui avait demandé de l'enduire juste après sa mort. Don Juan donne le même ordre à son propre fils, Philippe, qui, épouvanté, brise le flacon quand il voit revivre la tête de son père. Cette tête mord et tue l'abbé de San Lucar qui voulait béatifier le corps du «miraculé».

Employés (Les) : roman paru dans *La Presse** en juillet 1837 sous le titre *La Femme supérieure* et inclus dans les

Scènes de la vie parisienne. Jolie, intelligente, cultivée, Célestine Rabourdin est l'épouse de Xavier, chef de bureau aux Finances, qui rêve de réformer toute l'administration française. Ambitieuse, elle tient salon et entend utiliser les assiduités du supérieur de son mari, Des Lupeaulx, lequel, informé des idées de Rabourdin, ne lui confie pas le poste auquel il aurait droit. Rabourdin devra démissionner.

Enfant maudit (L') : roman dont les deux parties parurent dans la *Revue des deux mondes* en janvier 1833 et en octobre 1836 dans *La Chronique de Paris** (*Etudes philosophiques*). A la fin du XVIe siècle, le duc d'Hérouville soupçonne son fils Etienne d'être illégitime, et l'élève à l'écart. En revanche, il réserve son affection pour son second fils Maximilien, qui est tué. Le duc supplie alors l'enfant maudit de sauver la lignée, lui propose une fiancée, qu'Etienne refuse, car il en aime une autre. Furieux, le duc tue les amants, et épouse lui-même celle qu'il destinait à son fils.

Enquête sur la politique de deux ministères : brochure politique publiée en 1831 où Balzac examine la situation au lendemain de la Révolution de juillet.

Enseignes de Paris (Petit dictionnaire critique et anecdotique des) : ouvrage anonyme publié en 1827 attribué à Balzac.

Envers de l'histoire contemporaine (L') : roman publié de 1842 à 1848 (*Le Musée des familles,* puis *Le Spectateur républicain*). Inclus dans les *Scènes de la vie parisiennne.* Le jeune Godefroid rencontre, dans une maison de l'île de la Cité où il prend pension, d'étranges personnages, dont l'un lui raconte l'histoire de la baronne de la Chanterie, sa logeuse. Impliqué dans un procès, elle a été victime de l'acharnement du procureur Bourlac, et sa fille a été exécutée. Après la prison, elle a fondé une œuvre de charité chrétienne. Godefroid est initié chez ces Frères de la Consolation (voir Bandes*), et il contribue à sauver Wanda, fille malade de M. Bernard, lequel s'avère être Bourlac, qui obtient son pardon en suppliant Mme de la Chanterie.

Episode sous la Terreur (Un) : récit paru anonymement en 1830 dans *Le Cabinet de lecture* (*Scènes de la vie politique*). Deux sœurs et un prêtre se réfugient chez un jacobin militant, qui se révèle être un partisan des Bourbons. Un inconnu vient demander au prêtre de célébrer une messe pour l'âme de Louis XVI. Plus tard, le prêtre reconnaîtra ce personnage : c'est le bourreau Sanson.

Esgrignon (famille d') : on trouve les représentants de cette famille aristocratique dans *Le Cabinet des Antiques** et *La Vieille Fille**.

Espard (famille d') : une dizaine de représentants de cette famille aristocratique reparaissent dans *La Comédie humaine** (*L'Interdiction**, *Illusions...**, *Splendeurs...**, etc.).

Etude de femme : nouvelle parue en mars 1830 dans *La Mode* (*Scènes de la vie privée*). La marquise de Listomère reçoit par erreur une lettre d'amour de Rastignac. Elle croit à un habile stratagème quand Rastignac vient lui présenter ses excuses. Il n'en est rien. De dépit, elle se cloître chez elle.

Etudes de mœurs au XIXe siècle : titre collectif donné à l'œuvre en 1834 et pour lequel Balzac signa un traité d'édition avec Mᵐᵉ Veuve Béchet*. Voir *Comédie humaine*.

Eugénie Grandet : roman dédié à Maria*, paru en 1833 (*Scènes de la vie de province*). A Saumur, sous la Restauration, le vigneron enrichi Grandet gère avec une avarice sordide sa famille. Deux familles intriguent pour obtenir la main d'Eugénie, fille unique de Grandet. Mais arrive de Paris le cousin Charles, dont le père ruiné s'est tué et qui éveille un fort sentiment chez la jeune fille. Charles part pour les Indes pour faire fortune, mais Eugénie lui a donné son petit trésor personnel. Son père demande à voir les pièces d'or, et, entrant dans une violente colère, condamne sa fille à rester dans sa chambre. Mᵐᵉ Grandet meurt de chagrin. Après la mort de son père, Eugénie apprend que Charles en a épousé une autre. La richissime Eugénie épouse alors l'un de ses soupirants à condition que cette union reste un mariage blanc, et achève son existence en se consacrant aux bonnes œuvres.

Facino Cane : nouvelle parue dans la *Revue de Paris** en 1836 (*Scènes de la vie parisienne*). Le narrateur, qui habite dans la même rue Lesdiguières que Balzac, rencontre un musicien aveugle, ancien prince italien. Il a échoué à Paris après avoir été dépossédé d'un trésor par sa

maîtresse. Il affirme «sentir l'or» et, avant de mourir, propose au narrateur de l'accompagner à Venise pour y dénicher un nouveau trésor.

Falthurne : roman demeuré inédit du vivant de son auteur. Voir Romans de jeunesse*.

Fausse Maîtresse (La) : roman paru en feuilleton dans *Le Siècle** en 1841 (*Scènes de la vie privée*). Polonais proscrit, le comte Laginski a épousé Clémentine de Rouvre, qui s'intéresse à son ami Thadée Paz. Pour ne pas trahir Laginski, Thadée fait semblant de prendre pour maîtresse une écuyère de cirque, Malaga. Après avoir sauvé son ami de la mort, il se cache non sans avouer à Clémentine combien il l'aime. Un soir, il l'empêche de céder aux avances de La Palférine, puis disparaît.

Femme abandonnée (La) : nouvelle parue en 1832 dans la *Revue de Paris** (*Scènes de la vie privée*). Mᵐᵉ de Beauséant s'est retirée dans une propriété de province après avoir été abandonnée par son amant. Elle rencontre Gaston de Nueil, et vit avec lui le parfait amour, avant que Gaston n'épouse une autre femme sur les instances de sa mère. Gaston veut revenir à elle, elle refuse de le recevoir, il se tue.

Femme de trente ans (La) : roman publié comme ensemble en 1842 (*Scènes de la vie privée*). Sont ainsi regroupés des textes parus entre 1831 et 1834. La marquise d'Aiglemont est amoureuse de son mari, mais déçue par sa légèreté. Elle se fait soigner par un médecin anglais, sir Arthur Osmond, qui devient lord Grenville. Ils sont amoureux l'un de l'autre, mais renoncent par vertu à céder à cet amour. Grenville meurt et, après sa douleur, Mme d'Aiglemont est bien décidée à être heureuse. Elle devient la maîtresse de Charles de Vandenesse*. Une de ses filles légitimes, Hélène, est jalouse de son frère adultérin et le noie, avant de s'enfuir avec un aventurier. Sa mère la retrouve mourante. Puis elle constate avec horreur que sa fille adultérine Moïna a pris pour amant le fils de Charles de Vandenesse, autrement dit son demi-frère.

Ferragus, chef des Dévorants : roman paru dans la *Revue de Paris** en 1833 et premier épisode de l'*Histoire des Treize** (*Scènes de la vie parisienne*). Ancien forçat, Ferragus est le chef d'une société secrète. Il aime tendrement sa fille, mariée au banquier Jules Desmarets. Le baron de Maulincour aime Mme Desmarets et Ferragus, après avoir tenté en vain de le dissuader, résout de le supprimer. Mais Maulincour avait persuadé M. Desmarets que sa femme le trompait; elle meurt de ces soupçons, et Ferragus sombre dans le désespoir.

Fessart (Auguste) : homme de confiance de Balzac qui s'occupa de ses affaires à la fin de sa vie.

Feuilleton des journaux politiques : publication hebdomadaire fondée en 1830 par Balzac, en association, et qui n'eut pas plus d'une vingtaine de numéros.

Fille aux yeux d'or (La) : roman paru en 1834 et 1835, sous le titre *La Fille aux yeux rouges*, 3e épisode de l'*Histoire des Treize** (*Scènes de la vie parisienne*). Une lesbienne jalouse, la marquise de San Reale, vit avec Paquita Valdès qu'elle a achetée à sa mère aux Antilles. Henri de Marsay* obtient un rendez-vous et fait de Paquita sa maîtresse. Mais il veut se venger des relations qu'elle entretient avec la marquise. Il arrive trop tard : celle-ci a tué Paquita. En présence de la meurtrière, il s'aperçoit qu'elle est la fille naturelle de lord Dudley, dont il est lui-même le bâtard.

Fille d'Eve (Une) : roman paru en feuilleton dans *Le Siècle** en 1838-1839 (*Scènes de la vie privée*). Les deux filles du comte et de la comtesse de Granville ont des fortunes conjugales diverses. Marie-Eugénie est mariée au banquier du Tillet* qui la rend malheureuse. Marie-Angélique a épousé Félix de Vandenesse* qui est le plus charmant des époux. Ce bonheur fait des jaloux parmi lesquels lady Dudley*. On présente Nathan* à la comtesse de Vandenesse, qui est subjuguée. Avec l'aide de sa sœur, elle le tire d'affaire, car son ambition l'a acculé à la ruine. Marie-Eugénie avertit Félix, qui révèle à sa femme la véritable nature de Nathan. Elle s'en dégoûte alors, et retrouve la félicité conjugale.

Fitz-James (famille) : la marquise de Castries en était issue, et Balzac fréquenta l'oncle Edouard en se ralliant aux idées légitimistes.

Fonderie de caractères : achetée en 1827 avec Barbier, située rue Garancière, cette affaire périclita et fut dissoute en 1828. La liquidation eut lieu grâce à l'appui de la famille, mais est à l'origine de la dette qu'Honoré aura bien du mal à régler avec sa mère. Fils de Mme de Berny, Alexandre fit prospérer la maison dont il deviendra propriétaire exclusif en 1840.

Fougères : Balzac y passa deux mois à l'automne 1828 et s'y documenta pour la rédaction du *Dernier Chouan**.

Français peints par eux-mêmes (Les) : publication par livraisons où Balzac publia plusieurs courtes études de 1839 à 1841.

Frapesle : propriété que les Carraud* possédaient près d'Issoudun, et où Balzac fut reçu.

Frascati : célèbre maison de jeu fréquentée par Balzac, démolie après 1837, date de l'interdiction officielle des jeux à Paris.

«Furne corrigé» : voir Editeurs*.

Gall (Franz Joseph) : médecin allemand (1758-1828) qui créa la phrénologie, étude des fonctions du cerveau en fonction de la forme extérieure du crâne. On la réduit trop souvent aux fameuses «bosses». Balzac s'en inspira pour la caractérisation de ses personnages. Voir Lavater*.

Gambara : nouvelle parue dans la Revue et gazette musicale en 1837 (Etudes philosophiques). Musicien italien, Paolo Gambara gagne péniblement sa vie. Génial compositeur quand il a bu, il échoue avec son unique opéra. Sa femme, qui l'avait quitté, le rejoint, et ils deviennent chanteurs ambulants, jusqu'à ce que le comte et la comtesse de Varèse les sortent de la misère.

Gaudissart II : nouvelle parue en 1844 dans le recueil collectif Le Diable à Paris. Nouvel Illustre Gaudissart*, le marchand de châles Fritot est un virtuose de la vente. Il persuade ses clientes qu'il a mis la main sur un des sept châles envoyés par le sultan Selim à Napoléon, et parvient ainsi à écouler son stock.

Gautier (Théophile) : cet écrivain (1811-1872) entretint d'excellentes relations avec Balzac à partir de 1835, collaborant à la Chronique de Paris*. En 1845, il tenta de l'initier au haschisch, mais Balzac n'y prit pas goût. Il consacra une étude à Honoré de Balzac (1859).

Genève : Balzac s'y rendit en 1832 avec la marquise de Castries*. C'est à l'hôtel de la Couronne qu'ils rompirent. En 1833, il y retrouvera Mme Hanska. Balzac résidait à l'hôtel de l'Arc et alternait promenades sentimentales et travail acharné.

Geoffroy Saint-Hilaire (Etienne) : Balzac admirait ce naturaliste (1772-1844) et s'inspira de ses travaux pour concevoir l'organisation sociale de La Comédie…*. Le Père Goriot* lui est dédié.

Gigonnet (Bidault, dit) : usurier reparaissant, il est d'une avarice sordide.

Girardin (Emile de) : journaliste (1806-1881) qui eut avec Balzac des relations amicales à éclipses. Il créa plusieurs journaux où Balzac fut publié, mais les rapports éditoriaux donnèrent lieu à des brouilles. L'épouse d'Emile, Delphine, femme de lettres, écrivit une nouvelle sur La Canne de M. de Balzac.

Gobseck : roman paru en 1830 (Scènes de la vie privée). Usurier honnête, capable de s'intéresser à quelques personnages, il aide Derville* à acheter son étude, et sauve l'héritage du jeune Ernest de Restaud, compromis par les folies de sa mère, née Goriot. Devenu avare, Gobseck meurt entouré d'objets accumulés et de denrées pourries.

Gobseck (Jean Esther Van) : usurier reparaissant ailleurs que dans le roman qui porte son nom (*Le Père Goriot*, Ursule Mirouët*, Les Employés**...).

Gobseck (Esther Van) : petite-nièce de Gobseck. Courtisane sous le nom de guerre La Torpille. Maîtresse de Lucien de Rubempré* (*Splendeurs...**).

Gouvernement moderne (Du) : brochure destinée au *Rénovateur** qui ne l'inséra pas. Elle fut publiée en 1900.

Gozlan (Léon) : ami intime de Balzac, écrivain et journaliste, qui laissa deux livres de souvenirs : *Balzac en pantoufles* et *Balzac chez lui*, réunis en 1855 sous le titre *Balzac intime*.

Gramont (comte Ferdinand de) : ami de Balzac (1811-1897) qui établit l'armorial* de *La Comédie...**.

Grande Bretèche (La) : récit écrit en octobre 1831 et intégré à *Autre Etude de femme**.

Grandeur et décadence de César Birotteau : roman paru en 1837 (*Scènes de la vie parisienne*). Parfumeur prospère, César Birotteau donne un grand bal chez lui et, malgré les conseils de prudence que lui prodigue sa femme Constance, veut se lancer dans le grand commerce. Entraîné dans de malheureuses spéculations par le notaire Roguin, il se consacre à régler toutes ses

dettes, et donne la main de sa fille Césarine à son commis Anselme Popinot, à condition que le mariage n'ait lieu que le jour où César sera relevé de sa faillite. Il y parvient, mais meurt d'épuisement après cette réhabilitation.

Grandlieu (famille de) : famille reparaissant (*Splendeurs...*, Béatrix*, Gobseck**, ...).

Granville (famille de) : famille reparaissante (*Une double famille*, Splendeurs...*, Le Curé de village**, ...).

Grenadière (La) : nouvelle parue dans la *Revue de Paris* en 1832 (*Scènes de la vie privée*). Le titre vient d'une petite propriété près de Tours où Balzac séjourna l'été 1830 avec Mme de Berny*. Sous le nom de Mme Auguste Willemsens, lady Brandon* vit séparée de son mari avec ses deux enfants qui porteront le nom de Gaston. Louis, l'aîné, promet à sa mère mourante de veiller à l'avenir du cadet Marie, qui suit ses études au collège de Tours. On les retrouvera dans *Mémoires de deux jeunes mariées**.

Guérande : Balzac s'y rendit en 1830 avec Mme de Berny*, et en 1838, peut-être pour rencontrer Hélène de Valette*. Il y situe l'intrigue de *Béatrix**.

Guidoboni-Visconti (comte et comtesse) : en 1834, au cours d'une réception à l'ambassade d'Autriche, Balzac fut subjugué par la belle comtesse, née Sarah Lowell, à qui son mari laissait une grande liberté. On pense que Lionel-Richard, enfant né le 29 mai 1835 (mort en 1875), est le fils de Balzac. Le comte et la comtesse furent des amis sûrs, qui l'aidèrent financièrement. Il se cacha chez eux après la faillite de l'éditeur Werdet*, et la comtesse paya pour éviter la prison à son amant. De même, ils avancèrent de l'argent pour l'achat des Jardies*, où ils résidèrent quelque temps. C'est également le comte qui fut à l'origine des deux voyages italiens, dont celui accompli en compagnie de Caroline Marbouty* en 1836.

Guillonnet de Merville (Maître) : avoué exerçant 42 rue Coquillière, chez qui Balzac fut placé comme clerc en 1817, et où il resta dix-huit mois. Il ira ensuite chez maître Passez*.

Hanska (Anna) : fille d'Eve Hanska (1828-1915), elle épousa en 1846 le comte Mniszech (1822-1881). Balzac avait beaucoup d'affection pour eux.

Hanska (Mme Eve) : née Eveline Rzewuska (1800-1882), descendante d'une illustre famille polonaise, elle épousa en 1819 le comte Wenceslas Hanski (1778-1841). Insatiable lectrice, elle adressa en 1832 une lettre admirative à Balzac, qu'elle signa l'Etrangère. Ce fut le début d'une longue histoire d'amour jusqu'au mariage en 1850.

Héritière de Birague (L') : roman publié en 1822, dû à la collaboration de Viellerglé* et lord R'Hoone (voir Pseudonymes*). Parodie du roman noir alors à la mode (voir Romans de jeunesse*).

Histoire des Treize : titre collectif regroupant *Ferragus**, *La Duchesse de Langeais** et *La Fille aux yeux d'or** (*Scènes de la vie parisienne*). Les Treize constituent une association occulte d'aventuriers qui s'entraident par tous les moyens, et qui ont un projet politique (voir Bandes*).

Histoire impartiale des Jésuites : brochure écrite en 1824 avec Raisson* et qui expose les idées de Balzac.

Homme d'affaires (Un) : nouvelle parue dans *Le Siècle** en 1845 sous le titre *Les Roueries d'un créancier* (*Scènes de la vie parisienne*). Cérizet* et Claparon* manœuvrent habilement pour faire payer une créance à Maxime de Trailles*, réputé ne jamais les honorer.

Honorine : roman paru dans *La Presse** en 1843 (*Scènes de la vie privée*). Pupille du comte et de la comtesse de Bauvan*, Honorine devient l'épouse de leur fils Octave. Elle le quitte pour un amant, qui l'abandonne enceinte. Octave veut la reprendre, et charge Maurice de l'Hostal de la convaincre. Elle revient à son mari, s'éteint de désespoir et laisse une lettre à Maurice où elle lui fait comprendre qu'elle partageait le sentiment secret qu'il éprouvait pour elle. C'est lui qui raconte cette histoire au cours d'une soirée.

Hôtel des Haricots : nom burlesque donné à l'hôtel de Bazancourt, qui servait de prison à ceux qui négligeaient leurs devoirs de gardes nationaux. Balzac y passa cinq jours mais put y recevoir et traiter ses amis. Entre autres raisons, c'est pour éviter cette corvée qu'il s'installa aux Jardies*.

Hugo (Victor) : le seul écrivain (1802-1885) à avoir conservé des relations suivies et amicales avec Balzac. Ils collaborèrent au sein du comité de la Société des gens de lettres*. Balzac s'effaça pour lui à l'Académie française en 1839, et Hugo essaya de patronner sa candidature. Il fut l'un des deux seuls académiciens à donner sa voix à Balzac en 1849. Il lui rendit une ultime visite lors de son agonie, et prononça un magnifique discours lors des obsèques au Père-Lachaise.

Idées politiques, religieuses et sociales : les meilleurs ouvrages sur la question figurent dans la bibliographie. Elles sont résumées par la fameuse formule figurant dans l'*Avant-Propos* de *La Comédie humaine** : «J'écris à la lueur de deux vérités éternelles, la Religion, la Monarchie.» Pour Balzac, «le parti royaliste est philosophiquement rationnel dans ses deux dogmes fondamentaux : Dieu et le Roi. Ces deux principes sont les seuls qui puissent maintenir la partie ignorante de la nation dans les bornes de sa vie patiente et résignée». Mais ces positions permettent à Balzac de dévoiler le mode de fonctionnement de la société issue de

la Révolution et de l'Empire. Lutte frénétique des intérêts, loi de l'argent, dissolution morale : la religion est donc un rempart et un moyen de reconstruire un édifice détruit par le bouleversement de l'histoire, et la monarchie le seul régime qui puisse cimenter les hommes au nom d'un principe inaliénable.

Illusions perdues : roman dont les 3 parties parurent de 1837 à 1843 (*Scènes de la vie de province*). *Les Deux Poètes* se situe à Angoulême*. David Séchard, malgré son âme de poète, est imprimeur, et vivote. Lucien Chardon, son ami, a une sœur, que David épouse. Ses essais poétiques procurent à Lucien une renommée locale, qui lui vaut d'être distingué par Mme de Bargeton, qui en tombe amoureuse, et qui, pour échapper aux médisances de la société provinciale, décide de l'emmener avec elle à Paris. *Un grand homme de province à Paris* met en scène la découverte par Lucien, vite abandonné par sa maîtresse, de la société parisienne. Admis au Cénacle* grâce à d'Arthez*, Lucien fait la connaissance de Lousteau* qui le convainc de devenir journaliste. Une critique théâtrale lui vaut de rencontrer l'actrice Coralie* et de faire publier son recueil poétique, *Les Marguerites*. Lié au parti ultra pour retrouver le nom de Rubempré, Lucien, tout en continuant d'écrire pour le journal de Lousteau, doit également éreinter le livre de d'Arthez dans un autre, afin notamment de recevoir l'appui de journaux favorables à Coralie, victime d'une cabale. Multipliant les ennemis, Lucien a un duel, commet des faux au nom de David pour soigner Coralie malade. Après la mort de sa maîtresse, il regagne Angoulême. *Les Souffrances de l'inventeur* raconte comment Lucien apprend les malheurs de son ami et beau-frère, ruiné, grugé, dépouillé de son invention qui révolutionne la fabrication du papier. Désespéré, Lucien veut se suicider, mais survient le mystérieux abbé Carlos Herrera (on apprendra qu'il s'agit de Vautrin*), qui le sauve, et le prend sous sa protection. La suite sera narrée dans *Splendeurs**…

Illustrateurs : au XIXᵉ siècle, les romans sont fréquemment illustrés. L'édition Furne* est notamment rehaussée par les gravures de Tony Johannot, Meissonnier, Gavarni, Monnier, Célestin Nanteuil, Gérard Seguin. D'autres artistes illustrèrent diverses éditions, comme Bertall pour les *Petites Misères*…* chez Chlendowski (1845-1846). Après la mort de Balzac, il faut signaler le travail de Gustave Doré, notamment pour les *Contes drolatiques** (1855).

Illustre Gaudissart (*L'*) : nouvelle parue en 1833 (*Scènes de la vie de province*). Type du commis voyageur, Gaudissart place des «articles de Paris», puis des assurances et des abonnements aux journaux, notamment pour satisfaire aux besoins de sa maîtresse, la fleuriste Jenny Courand. A Vouvray, il est berné par un certain Vernier qui l'adresse à un vieux fou. Furieux, il provoque en duel son mystificateur, avant de se réconcilier avec lui.

Imprimerie de la rue des Marais-Saint-Germain : après s'être lancé dans l'édition en 1825, Balzac entreprit d'exploiter une imprimerie avec la collaboration d'un prote nommé Barbier. En 1826, il en acheta une dans l'actuelle rue Visconti, et la décrivit dans *Illusions perdues**. S'il imprima de nombreux ouvrages, Balzac géra fort mal son affaire, et s'enfonça en y associant en 1827 une fonderie* de caractères. Le tout aboutit à un arrangement en avril 1828, au terme duquel Balzac resta débiteur de sa mère pour 50 000 F.

Institution Ganser et Beuzelin : située rue de Thorigny, elle accueillit Balzac au sortir de l'institution Lepître*.

Institution Lepître : sise rue Saint-Louis-au-Marais, Balzac y fit ses études en 1815.

Interdiction (*L'*) : roman paru en 1836 dans la *Revue de Paris** (*Scènes de la vie privée*). Le marquis d'Espard veut restituer ce qu'il estime détenir indûment au descendant de huguenots spoliés par sa famille. Sa femme refuse d'abandonner la vie brillante qu'elle mène dans la haute société parisienne. Il se retire avec ses fils dans un modeste logement et vit de travaux d'érudition. Ruinée, la comtesse veut le faire interdire légalement en arguant de sa bizarrerie. Le juge Popinot* va refuser

la requête quand il est dessaisi au profit de Camusot*. Mme d'Espard perdra finalement dans *Splendeurs et misères des courtisanes*.

Introduction à l'étude sur Catherine de Médicis : Balzac y défend les thèses politiques illustrées par l'œuvre.

Isle-Adam (L') : Balzac s'y rendit en 1817 et évoque à plusieurs reprises cette localité alors champêtre. A côté se trouve Maffliers où il rejoignit la duchesse d'Abrantès en 1829.

Janin (Jules) : écrivain et critique (1804-1874) qui eut à rendre compte des pièces écrites par Balzac. Il le fit avec sévérité, et Balzac se vengea dans *Illusions…** en démontant les mécanismes de la démolition critique, tout en pastichant par ailleurs un article de Janin.

Jardies (Les) : propriété située à Sèvres, achetée par Balzac par acquisitions successives jusqu'en 1839, et pour lesquelles les Guidoboni-Visconti* prêtèrent une partie des fonds. Balzac baptisa ainsi son domaine à partir du nom du lieu-dit : Jardy. S'y installant en juillet 1838, il y fit faire de fort coûteux travaux, qui l'endettèrent considérablement. Les hypothèques s'accumulant, Balzac fut contraint de vendre en 1841, après des saisies. S'étant engagé à le conserver pour Balzac, Claret, un ami, acheta 17 000 F l'ensemble qui en avait coûté 100 000 selon Balzac. La liquidation définitive intervint en 1845 grâce à Fessart*, qui vendit et remboursa Claret.

Jean-Louis ou la fille trouvée : roman publié en 1822 dû à la collaboration de Viellerglé* et lord R'Hoone (voir Pseudonymes*). Roman noir et gai à la fois, situé sous la Révolution. Voir Romans de jeunesse*.

Jésus-Christ en Flandre : récit fantastico-religieux rassemblant en 1846 des textes parus en 1830 (*Etudes philosophiques*). D'abord situé au XVe siècle, il évoque une apparition du Christ qui donna lieu à la construction d'une église. Plus tard, en 1830, le romancier fait un rêve qui le transporte sur les lieux mêmes où se trouve cette église. Il conclut alors par cette pensée : «Il faut défendre l'Eglise.»

Keller (les frères François et Adolphe) : banquiers reparaissants.

Kergarouët (famille de) : famille de vieille noblesse bretonne reparaissante (*La Bourse**, *Le Bal de Sceaux**, *Béatrix**, …).

La Fontaine : notice préliminaire non signée que Balzac rédigea pour la publication des œuvres chez l'éditeur auquel il était associé (1826).

Latouche (Hyacinthe-Joseph-Alexandre Thabaud, dit Henri de) : écrivain, directeur de journaux et éditeur (1785-1851) qui se lia avec Balzac à l'occasion de son article élogieux sur *Wann-Chlore**. Il hébergea Balzac après la faillite de son imprimerie, mais leurs relations s'assombrirent à propos des *Chouans**, et ils rompirent en 1831. Adepte du martinisme (doctrine ésotérique), Latouche confirma peut-être l'intérêt de Balzac pour l'ésotérisme lors du séjour que le romancier effectua en 1829 dans la maison de son hôte, à Aulnay, près de Sceaux.

Lavater (Jean-Gaspard) : philosophe suisse (1741-1801), célèbre par son *Art d'étudier la physionomie* et ses *Fragments physiognomoniques* où il expose la théorie selon laquelle l'âme entière se reflète sur les traits du visage. Balzac s'en inspira pour la caractérisation de nombreux personnages. Voir Gall*.

Légion d'honneur : Balzac fut fait chevalier en 1845 en même temps qu'Alfred de Musset. Il apprit la nouvelle alors qu'il se trouvait à Dresde.

Lemaître (Antoine Louis Prosper dit Frédérick) : célèbre acteur (1800-1876) qui joua le rôle de Vautrin* dans la pièce du même nom, et dont la composition valut l'interdiction des représentations.

Le Poitevin de l'Egreville (Auguste) : homme de lettres et journaliste (1791-1854) dit Le Poitevin Saint-Alme, qui fut le premier collaborateur de Balzac, avec qui il écrivit plusieurs romans sous le pseudonyme de Viellerglé*.

Lettre adressée aux écrivains français du XIXe siècle : publiée dans la *Revue de Paris** en novembre 1834, elle est un document important sur la situation des écrivains vis-à-vis de la législation, et pose le problème de la propriété littéraire.

Lettre sur Kiew : adressée en 1847 de Wierzchownia* au *Journal des débats*, elle est une pittoresque et pénétrante relation du voyage qu'effectua Balzac en Russie.

Lettre sur le procès de Peytel : publiée dans *Le Siècle** en septembre 1839, elle est une défense du notaire Peytel accusé d'avoir assassiné sa femme et son domestique à Belley, dans l'Ain, affaire pour laquelle Balzac se passionna.

Lettres à l'Etrangère : titre donné à la correspondance adressée par Balzac à Mme Hanska, parce que la première lettre qu'elle lui avait adressée était signée «l'Etrangère». On les intitule maintenant *Lettres à Mme Hanska* (voir la bibliographie). On ne possède plus que quelques-unes des lettres écrites par Eve Hanska, qui, à l'occasion d'un chantage exercé par Mme de Brugnol*, exigea que Balzac les détruisît. Outre leur contenu sentimental, celles de Balzac fourmillent de renseignements sur sa vie d'homme de lettres.

Lettres sur Paris : série d'articles sur la capitale au début de la monarchie de Juillet, parue dans *Le Voleur* de septembre 1830 à mars 1831 et signées «Le Voleur».

Lion : mot venu de l'anglais qui désigne le dandy, d'une parfaite élégance, toujours à la mode, mondain. *La Comédie humaine** en met en scène plusieurs (La Palférine dans *Un prince de la bohème**, Maxime de Trailles*, …).

Listomère (famille de) : famille noble reparaissante (*Le Lys dans la vallée**, *Le Curé de Tours**, *Etude de femme**, …).

Louis Lambert : roman d'abord paru en 1832, puis complété en 1835 (*Etudes philosophiques*). Esprit génial, le jeune Louis Lambert est installé grâce à Mme de Staël au collège des Oratoriens de Vendôme (là même où Honoré fut pensionnaire). Rêveur, il n'y poursuit que de médiocres études. Plus tard, il tombe amoureux de Pauline de Villenoix, mais devient fou au moment où il va l'épouser. Sa fiancée le soigne avec dévouement jusqu'à sa mort, trois ans après. A l'occasion d'une rémission, ils partent en voyage, et Louis apprend l'histoire qui sera racontée dans *Un drame au bord de la mer**. Lecteur de Swedenborg*, le héros est un adepte des théories mystiques chères à Balzac, et rédige un Traité de la volonté. Il sera désigné dans *Illusions...** comme le premier président du Cénacle*. Il figure au centre de l'univers spirituel balzacien.

Lousteau (Etienne) : personnage reparaissant, incarnant le type de l'arriviste. Homme de lettres, journaliste, il initie Lucien de Rubempré* dans *Illusions perdues**. N'hésitant pas à vivre des femmes, il suscite leur admiration (*La Muse…**).

Lupeaulx (comte Clément Chardin des) : personnage reparaissant, qui mène une brillante carrière mondaine et administrative.

Lys dans la vallée (**Le**) : roman paru dans la *Revue de Paris* en 1835 et achevé en 1836 (*Scènes de la vie de province*). Balzac y exploite autrement le sujet du *Volupté* de Sainte-Beuve*. Félix de Vandenesse* raconte à Nathalie de Manerville*, dont il est amoureux, son éducation sentimentale. Un jour il a rencontré une belle inconnue et lui a donné un baiser sur l'épaule. Il la revoit au château de Clochegourde : c'est Mme de Mortsauf, mariée à un homme maladif et violent et mère de deux enfants. Une passion platonique les unit bientôt. Elle le conseille pour ses débuts dans la société parisienne, mais apprend son infidélité : il est devenu l'amant de lady Dudley*. Elle ne répond plus à ses lettres, il accourt, elle lui annonce sa mort prochaine. Lassé de la frivole Arabella, Félix revient à Clochegourde : elle expire en regrettant de n'avoir pas vraiment vécu sa passion, et laisse une lettre où elle explique que son dévouement conjugal et maternel était la rançon à payer pour son amour. Nathalie répond à Félix pour lui rendre sa liberté : elle craint que l'image de Madeleine de Mortsauf ne s'interpose entre eux. Par la lenteur de son déroulement et la douceur de ses paysages, ce roman où triomphe la vertu est l'un des plus poétiques de *La Comédie humaine*.

Madame Firmiani : nouvelle parue dans la *Revue de Paris* en 1832 (*Scènes de la vie privée*). Jeune et charmante veuve, Madame Firmiani tient salon et passe pour la maîtresse du jeune Octave de Camps, qui vit modestement. Il révèle à son oncle qu'il est le mari secret de Mme Firmiani en attendant la confirmation de son veuvage car le premier mari est disparu en Grèce, et que sa fortune avait été édifiée sur les ruines d'une famille à laquelle Mme Firmiani veut restituer les sommes détournées. Enfin officiellement informé de la mort de son mari, Mme Firmiani supplie Octave d'accepter cette fortune.

Maisons habitées par Balzac :
ce furent dans l'ordre :
1) le 122 actuel de la rue du Temple, de la fin 1814 à 1819, chez ses parents, avant qu'ils ne s'installent à Villeparisis;
2) le 9 de la rue de Lesdiguières, près de l'Arsenal, où il occupa une mansarde en 1819 (60 F par an), avant de gagner Villeparisis, chez ses parents;
3) le 17 de la rue Portefoin durant l'été 1821, entre deux séjours à Villeparisis;
4) le 7 de la rue du Roi-Doré dans le Marais, entre deux séjours à Villeparisis, de 1822 à 1824;
5) le 2 rue de Tournon, après un très court séjour dans le pied-à-terre de sa famille rue de Berri, en 1824;
6) l'imprimerie du 17 rue des Marais-Saint-Germain en 1826;
7) la prison pour dettes de la rue de Clichy en 1827;
8) 1 rue Cassini, près de l'Observatoire de 1828 à 1835, un appartement de trois pièces loué 420 F par mois, proche de la résidence de Mme de Berny*;
9) 13 rue des Batailles (aujourd'hui avenue d'Iéna, quartier de Chaillot), où Balzac prit l'identité fictive de Mme Durand, à partir de 1835;
10) les Jardies*, à Sèvres de 1838 à 1840, la maison fut habitée plus tard par Gambetta qui y mourut en 1882;
11) 108 rue de Richelieu, un pied-à-terre, loué au tailleur Buisson en 1839, alors que Balzac est installé aux Jardies;
12) rue Basse, aujourd'hui Maison de Balzac, 47 rue Raynouard (voir historique p. 182);
13) 18 rue de la Tour, où Balzac installa Mme Hanska et sa fille Anna lors de leur premier voyage à Paris en 1845;
14) rue Neuve-de-Berry, près des Champs-Elysées où Balzac loua au prix de 300 F par mois et pour deux mois un appartement de cinq pièces pour Mme Hanska lors de son séjour en 1847 pour visiter la maison de la rue Fortunée qu'il venait d'acheter.
15) rue Fortunée, à l'emplacement du 14 de la rue Balzac aujourd'hui. Il y mourut. Elle fut démolie en 1899.

Maison du chat-qui-pelote (***La***) : roman paru en 1830 sous le titre *Gloire et malheur* (*Scènes de la vie privée*). Il s'agit d'une boutique de drapier parisien tirant son nom de son enseigne, et tenue par le sieur Guillaume. Joseph Lebas, son commis, aime la fille cadette, la belle Augustine, mais doit épouser l'aînée, Virginie, pétrie de qualités morales. Le peintre Sommervieux a obtenu au

Salon un triomphe grâce à son portrait d'Augustine, qui est tombée amoureuse de l'artiste. Guillaume marie ses deux filles le même jour, et transmet son fonds à son gendre Lebas. La maison prospère, tandis que le mariage d'Augustine n'est pas heureux. Trompée par son mari, elle se languit et meurt à vingt-sept ans.

Maison Nucingen (La) : roman paru en 1838 (*Scènes de la vie parisienne*). Il raconte sous forme de conversation entre des personnages reparaissants les manœuvres qui ont permis au fondateur de la banque Nucingen de bâtir sa fortune. Il s'agit de trois liquidations spéculatives successives, dont la dernière est le résultat d'un faux bruit (un *puff*) que Nucingen a fait courir sur sa propre disparition.

Maître Cornélius : nouvelle parue dans la *Revue de Paris** en 1831 (*Etudes philosophiques*). Sous Louis XI, messire Hoogsworth, argentier du roi, surnommé maître Cornélius, est d'une avarice sordide. Il accuse de vol Georges d'Estouteville, qui a logé chez lui pour rejoindre nuitamment une voisine, Marie de Sassenage, fille du roi, épouse du jaloux Aymar de Poitiers. Le mari l'a surpris et fait arrêter. Marie déclare au roi que Georges est innocent, puisqu'il a passé la nuit avec elle. L'enquête démontre que maître Cornélius est somnambule et se vole lui-même. Ce dernier se suicide.

Maladies : s'il avait hérité de son père une robuste constitution, Balzac compromit sa santé par le surmenage qu'entraîna son labeur surhumain. A partir de 1834, le docteur Nacquart* le met en garde après une légère congestion cérébrale. Après plusieurs alertes, on diagnostique en 1843 une arachnite ou arachnoïdite, sorte de méningite chronique. En 1844, il a une grave hémorragie nasale, puis une jaunisse. L'abus du café* lui cause des névralgies et des crises de tics. A partir de 1845, il se plaint de troubles de mémoire. C'est en 1849, à Wierzchownia*, que son état s'aggrave définitivement : étouffements, malaises cardiaques, complications pulmonaires et oculaires. Le voyage de retour fut abominable, et après l'installation rue Fortunée, Balzac eut une crise cardiaque, qui le contraignit à s'aliter, suivie d'une péritonite, et d'une gangrène à la jambe.

Maladies dans *La Comédie humaine* : le meilleur ouvrage sur la question est de Moïse Le Yaouanc, *Nosographie de l'humanité balzacienne*, Maloine, Paris, 1959. Outre les maladies classiques, certains personnages balzaciens sont affectés de maux correspondant à la conception qu'a le romancier de la nature humaine, de l'énergie, de la passion, de la puissance d'une émotion violente. Plusieurs meurent d'un choc émotionnel paroxystique (*L'Adieu*, *L'Enfant maudit*, *La Femme de trente ans*, le *Réquisitionnaire*, ...). D'autres sont atteints de maux mystérieux ou exotiques (*Ferragus*, *La Cousine Bette*, *L'Envers de l'histoire contemporaine*, ...). Les maladies mentales, ou les symptômes psychiques de maladies évolutives, jouent un rôle important, souvent déclenchées par une obsession intellectuelle (*Le Chef-d'œuvre inconnu*, *Louis Lambert**...), peuvent aller jusqu'à la folie (*Splendeurs...**), ou sont la manifestation d'une passion exacerbée (*Eugénie Grandet*, *La Cousine Bette*, *Le Père Goriot*, ...).

Manerville (famille) : famille normande reparaissant dans *La Comédie humaine**.

Marana (Les) : récit paru dans la *Revue de Paris* en 1832-1833 (*Etudes philosophiques*). Issue de cette famille de courtisanes italiennes, une Marana, installée en Espagne, a juré que sa fille Juana resterait vertueuse. Elle est cependant séduite par un officier français, que Juana refuse d'épouser. Elle choisit un des compagnons de l'officier nommé Diard. Mais le mariage n'est pas heureux, et Diard, ruiné par le jeu, tue pour le dévaliser son ami. Juana le tue car il refuse de se faire justice. Elle se retire en Espagne avec ses enfants.

Marâtre (La) : drame en 5 actes et 8 tableaux représenté sur le Théâtre-Historique le 25 mai 1848. Elle fut assez bien accueillie. Seconde femme du général comte de Grandchamp, vieux soldat de l'Empereur auquel il voue un véritable culte, Gertrude est la belle-mère (autrement dit la marâtre) de Pauline, fille d'un premier mariage. Mais elle aime toujours Ferdinand Marcandal, fils d'un général qui a rallié les Bourbons, et qu'elle a fait entrer dans la fabrique de son mari. Ferdinand aime Pauline, et Gertrude feint d'accepter l'idée du mariage pour que Ferdinand révèle son identité. Pauline flaire le piège, veut s'enfuir, s'empoisonne. Ferdinand la suit dans la mort et révèle son identité au général, qui sombre dans la folie.

Marbouty (Mme Caroline) : fille d'un conseiller à la cour de Limoges et femme du greffier en chef du tribunal (1803-1890), elle tenta une carrière littéraire sous le pseudonyme de Claire Brunne, ou Brunne de Marbouty. Elle voyagea en Italie en compagnie de Balzac, travestie en garçon, sous le nom de Marcel, «neveu» du romancier.

Margonne (M. de) : Famille propriétaire de Saché*.

Marguerite : cuisinière de Laure Surville* que Balzac retint comme domestique pour la rue Fortunée en 1850, et qui lui posa l'énorme problème de son chat, dont elle refusait de se séparer, et dont Balzac ne voulait pas, d'autant qu'Eve Hanska avait cet animal en horreur.

Maria : Balzac lui dédia *Eugénie Grandet**. Il s'agit de Maria du Fresnay, née Daminois, qu'il aurait rendue mère. Née le 4 juin 1834, Maria du Fresnay reçut en héritage le Christ de Girardon auquel Balzac tenait tout particulièrement, et vécut fort vieille jusqu'en 1930.

Marsay (comte Henri de) : fils naturel de lord Dudley, ce dandy a de nombreuses aventures (dont Paquita Valdès dans *La Fille aux yeux d'or** et Delphine de Nucingen dans *Le Père Goriot**). Reparaissant dans de nombreux romans, il finit par épouser une riche Anglaise, Dinah Stevens, et devient président du Conseil sous la monarchie de Juillet.

Martyrs ignorés (Les) : suite de récits parus en 1836 et 1837, où Balzac expose ses idées spiritualistes à travers les dialogues des personnages.

Massimila Doni : roman paru en 1839 (*Etudes philosophiques*). A Venise, la belle Florentine Massimila Doni, a un jeune chevalier servant, Emilio Memmi, lequel succombe aux charmes de la cantatrice Clarissa Tinti. Se reprochant de trahir la comtesse qu'il aime platoniquement, il veut se suicider, mais Massimila se donne à lui, et l'épouse après la mort de son vieux mari.

La musique joue un rôle éminent dans ce récit.

Maufrigneuse (famille de) : famille noble reparaissante dans *La Comédie humaine**.

Médecin de campagne (Le) : roman paru en 1833 (*Scènes de la vie de campagne*). Balzac y développe ses idées politiques, sociales et économiques en exposant comment le médecin Bénassis gère un canton alpin. Y figure également le texte le plus important de la *Comédie humaine** concernant la légende napoléonienne, le récit d'un vieux soldat de l'Empire, nommé Goguelat.

Melmoth réconcilié : conte paru en 1835 dans *Le Livre des conteurs* (*Etudes philosophiques*). Inspirée du *Melmoth* de Maturin, cette histoire fantastique raconte comment le diabolique Melmoth échange son âme satanique avec Castanier, caissier de la banque Nucingen, et meurt ainsi réconcilié avec l'Eglise. Castanier transmet son pouvoir surnaturel à Claparon*, lequel négocie en Bourse ce «traité du diable», qui passe de main en main.

Mémoires de deux jeunes mariées : roman épistolaire paru dans *La Presse* en 1841-1842 (*Scènes de la vie privée*). Armande-Louise-Marie de Chaulieu épouse un proscrit espagnol qui récupère son nom et sa fortune, devenant baron de Macumer. Marie conçoit l'amour comme un idéal d'exaltation, réduit son mari à l'esclavage sentimental, et, une fois veuve, épouse l'écrivain Marie Gaston (voir *La Grenadière**). Jalouse, elle tombe malade et meurt. Son amie d'enfance, Renée de Maucombe est d'un caractère opposé, et conduit sagement sa vie conjugale et familiale avec le comte de l'Estorade, qu'elle soutient dans sa carrière. Les lettres que s'échangent les deux amies développent ces deux conceptions de l'amour et du mariage.

Mercadet (ou Le Faiseur) : comédie en 5 actes parue dans *Le Pays* en 1851 et représentée la même année au théâtre du Gymnase dans une version remaniée par Dennery. Destinée à Frédérick Lemaître, acceptée par la Comédie-Française, puis retirée alors que Balzac se trouvait en Ukraine, cette pièce connut un réel succès après sa mort. Elle est toujours représentée de nos jours. Le financier Mercadet est aux abois, car son associé Godeau est parti avec la caisse. Il veut alors marier sa fille Julie à un dandy qu'il croit riche, La Brive. Mais celui-ci est couvert de dettes, et pense que Mercadet est riche. Celui-ci, véritable Faiseur, décide de faire passer La Brive pour Godeau, mais sa femme refuse un tel stratagème. Arrive le vrai Godeau, qui reconnaît pour son fils légitime Minard, pauvre employé de Mercadet qui aime Julie, et que Mercadet avait repoussé. Le mariage a lieu, et Mercadet peut se retirer à la campagne.

Message (Le) : récit paru dans la *Revue des deux mondes* en 1832 (*Scènes de la vie privée*). Le narrateur accomplit une douloureuse mission que lui a confiée un compagnon de voyage avant de mourir à la suite d'un accident de diligence : il remet une lettre et une mèche de cheveux à son amante, la comtesse de Montpersan.

Messe de l'athée (La) : récit paru dans la *Chronique de Paris* en 1836 (*Scènes de la vie privée*). Le docteur Desplein raconte à Bianchon* comment il a réussi à mener ses études médicales, grâce au dévouement d'un homme simple et bon. La seule façon dont le médecin athée pouvait témoigner sa gratitude à son bienfaiteur, fervent catholique, fut de fonder à son intention une messe trimestrielle à laquelle il ne manque jamais d'assister.

Mniszech (comte Jorzy Filip Nerymund Andrezej Stanilaw) : voir Hanska, Anna.

Modeste Mignon : roman paru en 1844 dans le *Journal des débats* (*Scènes de la vie privée*). Fille du colonel Mignon de la Bastie, Modeste est amoureuse du poète Canalis* qu'elle n'a jamais vu, et lui adresse une correspondance enflammée, à laquelle Canalis fait répondre par son secrétaire, Ernest de la Brière, lequel tombe réellement amoureux de la jeune fille. Son père exige que Modeste choisisse entre les deux Canalis. Le poète la croit riche, mais se refroidit dès qu'il apprend la vérité sur sa petite fortune. Déçue par la médiocrité morale de l'écrivain, mais touchée par la sincérité du secrétaire, Modeste épousera Ernest.

Monographie de la presse parisienne : tableau satirique paru en 1843 dans une œuvre collective, *La Grande Ville*.

Montzaigle : Laurence, sœur d'Honoré, épousa en 1821 Armand Michaut de Saint-Pierre de Montzaigle, qui se révéla un triste sire. Endetté, il abandonna sa femme avec deux enfants. Elle mourut peu après.

Muse du département (La) : roman paru en feuilleton dans *Le Messager* en 1843 sous le titre *Dinah Piédefer* (*Scènes de la vie de province*). A Sancerre, Dinah Piédefer est une femme de lettres, mariée au falot Milaud de la Baudraye.

Elle fonde une société littéraire, publie sous le pseudonyme de Jan Diaz, et décide d'inviter deux enfants du pays, Lousteau* et Bianchon*. Dinah se prend de passion pour Lousteau, le rejoint à Paris, en a deux enfants. Son mari veut la reconquérir, et après avoir brillé dans le monde parisien, Dinah quitte Lousteau et rentre en province, revenant au mariage et à la famille.

Nacquart (Dr Jean-Baptiste) : ami de la famille Balzac (1780-1854), qui sera le médecin d'Honoré, à qui il conseillera d'éviter le surmenage et qu'il aidera même financièrement. Mme Eve de Balzac lui donnera la canne de son mari.

Napoléon : Balzac admirait l'Empereur, et le fit figurer dans *La Comédie humaine** (en particulier dans *Une ténébreuse affaire**). Il avait prévu que les *Scènes de la vie militaire* retraceraient l'épopée napoléonienne. L'on peut dire que *La Comédie humaine** est la Grande Armée du roman et que Napoléon, ce promoteur de l'énergie individuelle, est l'instigateur souterrain, le créateur de la société dont Balzac analyse le fonctionnement.

Nathan (Raoul) : écrivain brillant, ambitieux et mondain reparaissant très souvent dans *La Comédie humaine**, et qui joue un rôle central dans *Béatrix**.

Navarreins ou **Navarreins-Lansac** (famille de) : illustre famille noble représentée par le duc de Navarreins (*Le Curé de village**, *La Duchesse de Langeais**, ...), sa femme, fille du prince de Cadignan et sa fille, Antoinette qui deviendra la duchesse de Langeais.

Nourriture : gros mangeur en public, amateur de pantagruéliques agapes avec ses amis, Balzac était frugal lorsqu'il travaillait, aimant les œufs frais à la mouillette, le vin de Vouvray, les fruits, et surtout les poires du Doyenné et les fraises. Il s'intoxiqua à force de café*. Les anecdotes fourmillent sur cet aspect de sa vie. En voici une : venant d'achever un roman, Balzac se précipite chez son éditeur Werdet* et l'invite à dîner chez Véry. Parce qu'il est au régime, Werdet se contente d'un potage et d'une aile de volaille. Balzac commande un cent d'huîtres d'Ostende, douze côtelettes de pré-salé au naturel, un caneton aux navets, une paire de perdreaux rôtis, une sole normande, sans compter les entremets et les fruits. Les restaurants parisiens et les repas occupent une place importante dans *La Comédie humaine** (voir Courtine, *Balzac à table,* Paris, Robert Laffont, 1976).

Nucingen (baron Frédéric de) : banquier d'origine israélite à l'accent alsacien. Il apparaît dans *La Maison Nucingen** où est exposé le mécanisme de sa fortune mais aussi dans de nombreux romans. Mari de Delphine Goriot*, qui le trompe avec Rastignac*, il tombe amoureux d'Esther Gobseck* (*Splendeurs …**). Sa puissance financière lui permettra aussi de jouer un rôle politique (*Une fille d'Eve**, *Le Député d'Arcis**).

Nucingen (Delphine Goriot, baronne de) : fille du père Goriot, elle a épousé le banquier Nucingen. Après une liaison avec de Marsay*, elle devient la maîtresse de Rastignac*. Elle conseille son mari, et on la retrouve dans plusieurs romans. Sa fille Augusta épousera Rastignac (*Le Député d'Arcis**).

Obsèques : le service religieux fut célébré à Saint-Philippe-du-Roule, en présence du ministre de l'Intérieur, de l'Institut, de l'Académie. Y assistaient également des écrivains, comme Victor Hugo* et Sainte-Beuve*, des acteurs, dont Frédérick Lemaître*, des musiciens, dont Berlioz*. L'inhumation eut lieu au cimetière du Père-Lachaise, et deux discours furent prononcés, celui de Victor Hugo, et celui de Desnoyers, président de la Société des gens de lettres.

Paix du ménage (La) : récit publié en 1830 (*Scènes de la vie privée*). Riche veuve, la comtesse de Vaudrémont a été la maîtresse du général de Soulanges, qui lui a offert un diamant appartenant à sa femme. Mme de Vaudrémont fait cadeau de ce diamant à son nouvel amant, Martial de la Roche-Hugon, lequel courtise la comtesse de Soulanges. Elle rompt, et Mme de Soulanges récupère son diamant à la faveur de la cour que lui fait Martial.

Paméla Giraud : pièce en 5 actes représentée le 26 septembre 1843 au théâtre de la Gaîté. Elle n'y eut guère de succès, mais sera reprise en 1859 et 1917. Dans ce drame bourgeois, la fleuriste Paméla est amoureuse de Jules Rousseau, en qui elle voit un simple employé, mais qui est en fait le fils d'une riche famille compromise dans une conspiration bonapartiste. Il se cache chez elle, est arrêté, et Paméla accepte de faire un faux témoignage pour le sauver. La famille croit la récompenser avec de l'argent, mais l'avocat Dupré, à l'origine du stratagème, la convainc de laisser les jeunes gens se marier. Voir Théâtre*.

Parents pauvres (**Les**) : titre commun au *Cousin Pons** et à *La Cousine Bette**, publiés sous ce titre en 1847.

Paris : lieu privilégié de *La Comédie humaine**, la capitale ne comportait à l'époque de Balzac que douze arrondissements (voir les cartes pp. 184 et 190). Il faut aussi se souvenir qu'il s'agit du Paris avant les grands travaux d'Haussmann sous le Second Empire, et que de nombreuses rues ont disparu, ont vu leur tracé et leur configuration modifiés. Parmi les quartiers les plus fréquemment utilisés par le romancier, on peut citer le faubourg Saint-Germain, où habite l'aristocratie (VIIe

arrondissement actuel), et un autre beau quartier (VIIIe). Vers l'est, se trouve le centre des affaires et du commerce (Ier et IIe). Le Marais correspond au IIIe, et héberge des gens modestes. La Montagne Sainte-Geneviève (V^e) accueille des personnages pauvres ou les jeunes gens. Les faubourgs plus lointains sont nettement plus miséreux encore (ainsi le XIIIe). Les courtisanes habitent volontiers le IXe. Véritable archéologue de Paris (voir le livre portant ce titre par Jeannine Guichardet, Paris, SEDES-CDU, 1986), Balzac a donné l'une des plus étourdissantes et précises analyses de la topographie de la ville, et de la vie parisienne. On trouvera dans l'édition de la *Comédie humaine** parue au Club français du livre un texte très complet et fouillé sur le Paris de Balzac (tome 16, 1962).

Passez (Maître) : notaire rue du Temple chez qui Balzac fut clerc quelques mois en 1818 en sortant de l'étude de l'avoué Guillonnet de Merville*.

Passion dans le désert (Une) : nouvelle parue dans la *Revue de Paris** en 1830 (*Scènes de la vie militaire*). Un soldat de l'armée d'Egypte est fait prisonnier, s'évade et rencontre dans le désert une panthère femelle dont il fait sa compagne. Un jour, se croyant menacé lors de leurs jeux, il tue Mignonne, qui meurt en lui lançant un regard de reproche.

Pathologie de la vie sociale : série incluse dans les *Etudes analytiques* et comprenant *Des mots à la mode, Théorie de la démarche, Traité de la vie élégante, Traité des excitants modernes*.

Paysans (Les) : roman inachevé dont la 1re partie est parue dans *La Presse** en

1844. Complété par Mme de Balzac, il paraît en 1855 (*Scènes de la vie de campagne*). Acquéreur d'un domaine en Bourgogne, le général de Montcornet chasse Gaubertin, son régisseur. Celui-ci décide de se venger avec l'aide de l'usurier Rigou et des paysans ulcérés par la gestion rigoureuse du général. Le propriétaire devra renoncer et vendre son domaine, dont Rigou et Gaubertin s'attribuent la meilleure part.

Peau de chagrin (La) : roman paru dans la presse en 1830-1831 et signé Honoré de Balzac lors de sa sortie en volume (*Etudes philosophiques*). Dans ce conte fantastique, Raphaël de Valentin, ruiné, entre chez un brocanteur avant de se suicider. Le mystérieux personnage lui donne une peau de chagrin, talisman censé exaucer ses vœux, ce qui se produit dès qu'il sort de la boutique : Rastignac* l'entraîne dans une orgie chez Taillefer*. Raphaël constate que la peau rétrécit à chaque désir réalisé. Après avoir entrepris de séduire l'inaccessible comtesse Fœdora, alors qu'une jeune fille, Pauline, l'aime, il tente sans succès d'arrêter la rétraction de la peau, tombe malade, et meurt après avoir essayé de posséder Pauline.

Père Goriot (Le) : roman paru dans la *Revue de Paris** en 1834-1835 (*Scènes de la vie privée*). Dans la misérable pension Vauquer, le jeune Rastignac* fait la connaissance du père Goriot, qui perd peu à peu sa fortune au profit de ses deux filles. Delphine a épousé le banquier Nucingen* et Anastasie est devenue comtesse de Restaud*. Le mystérieux Vautrin* se prend d'affection pour Rastignac et lui propose de lui faire épouser Victorine Taillefer*, qui éprouve de la tendresse pour le jeune homme, et à qui un crime perpétré par

Vautrin permettrait de restituer sa fortune. Rastignac repousse cette proposition, et, encouragé par le père Goriot, entreprend de séduire Delphine, malheureuse en ménage et abandonnée par son amant de Marsay*. Vautrin sera arrêté à la suite d'une machination policière orchestrée par Bibi-Lupin*, et le père Goriot meurt sans que ses filles lui rendent visite. Au Père-Lachaise, Rastignac, qui accompagne le pauvre convoi funèbre, se résout à conquérir Paris. C'est dans ce célèbre roman que Balzac met au point le système du retour des personnages*.

Personnages reparaissants : voir Retour des personnages*.

Petits Bourgeois (Les) : roman inachevé et terminé par Charles Rabou*, paru en 1854 (*Scènes de la vie privée*). Neveu de Peyrade*, Théodose est un ambitieux, à qui Cérizet* prête de l'argent pour épouser Céleste Colleville, qu'une forte dot doit enrichir. Mais Céleste aime le jeune Félix Phellion. Dans la suite rédigée par Rabou, Corentin* arrange le mariage de Théodose et de Lydie Peyrade, sa cousine, qui recouvrera ainsi la raison qu'Asie lui avait fait perdre dans *Splendeurs...**.

Petites Misères de la vie conjugale : œuvre parue par fragments à partir de 1830 et rassemblée en 1845-1846 (rattachée aux *Etudes analytiques*). Elle fait en quelque sorte suite à la *Physiologie du mariage**. Il s'agit d'une série d'anecdotes savoureuses, présentées en diptyque, réunissant deux personnages, le mari, Adolphe, et la femme, Caroline.

Peyrade (de la Peyrade des Canquoëlles, dit) : figure de policier acolyte de

Corentin* (*Splendeurs...*, *Une ténébreuse affaire**,...).

Physiologie de l'employé : étude parue en 1841 qui sera réutilisée pour le roman *Les Employés**.

Physiologie du mariage : œuvre parue en 1829 après une esquisse en 1824 (*Etudes analytiques*). Série de méditations sur les rapports entre les hommes et les femmes dans le mariage, et sur les éléments qui entrent en ligne de compte dans la constitution du couple marié : la belle-mère, la chambre à coucher... Voir aussi *Petites Misères de la vie conjugale**.

Physiologie de la toilette : étude parue dans *La Silhouette** en 1830 et consacrée à l'art des cravates, puis aux habits rembourrés.

Pierre Grassou : nouvelle parue en 1840 dans *Babel* (*Scènes de la vie privée*). Venu à Paris pour réussir, le peintre Grassou ne produit que des toiles assez plates, que le brocanteur Magus lui achète pour les revendre artificiellement vieillies. Une exposition lui vaut cependant le succès, et il épouse la fille du marchand Vervelle, chez qui il découvre des tableaux signés des noms les plus prestigieux, et qu'il reconnaît pour être ses propres œuvres. Nullement accablé, M. Vervelle double la dot, et Pierre Grassou est heureux en ménage et comme peintre reconnu.

Pierrette : roman paru en feuilleton dans *Le Siècle** sous le titre *Pierrette Lorrain* (*Scènes de la vie de province*). Pierrette est recueillie à Provins par Denis Rogron et sa sœur Sylvie, qui finit par la prendre en haine. Avertie par Jacques Brigaut, compagnon d'enfance de Pierrette et qui

en est amoureux, la grand-mère Lorrain arrache sa petite-fille aux sévices. Mais Pierrette meurt, et Mme Lorrain dépose plainte. En vain : l'avocat Vinet, devenu député et procureur, fait nommer Rogron receveur général. Le silence se fera sur cette affaire.

Poiret : famille reparaissante d'employés (*Le Père Goriot**, *Les Employés**...).

Popinot : famille bourgeoise de Sancerre dont les nombreux membres reparaissent dans *La Comédie humaine** (*Grandeur et misère de César Birotteau**, *l'Interdiction**...).

Portenduère (famille) : famille reparaissante de marins (*Ursule Mirouët**, *Les Employés**...)

Préfaces : Balzac n'écrit pas systématiquement de préface pour la première édition de ses romans. Parfois il attend une réédition. Il peut s'agir d'une réponse à des critiques, de justifications, d'exposés de démêlés juridiques (*Le Lys dans la vallée**), de présentation des centres d'intérêt, etc. L'une des plus importantes est celle rédigée par Félix Davin, mais fortement inspirée par Balzac, placée en tête des *Etudes de mœurs au XIXe siècle**, datée du 27 avril 1835, qui annonce l'*Avant-Propos* de *La Comédie humaine**. Y sont présentées dans leur cohérence les différentes parties de l'œuvre et s'y trouve annoncé le principe du retour des personnages*.

Presse (La) : journal créé par Emile de Girardin en 1836 et où le roman-feuilleton occupait une place essentielle. Balzac y inaugura cette nouvelle façon de concevoir le roman avec *La Vieille Fille**, premier d'une longue série.

Prince de la bohème (Un) : nouvelle parue en 1840 dans la *Revue parisienne** sous le titre *Les Fantaisies de Claudine* (*Scènes de la vie parisienne*). Censée avoir été écrite par Mme de la Baudraye (la Dinah Piédefer de *La Muse du département**), elle met en scène un lion*, le comte Gabriel de La Palférine. Désinvolte, spirituel, séduisant, il suscite l'adoration de Claudine, dite Tullia, danseuse à l'Opéra. Elle subit de sa part toutes les humiliations, et se soumet à tous ses caprices, y compris en devenant sur ses conseils comtesse du Bruel. En effet, elle épouse, après l'avoir poussé dans la société, l'écrivain Cursy, pseudonyme de du Bruel*.

Projets non réalisés : leur liste est considérable. Le plus souvent, Balzac n'a laissé que le titre de l'œuvre projetée, souvent en l'incorporant dans le plan de *La Comédie humaine** élaboré en 1845, ou quelques notes. Parfois, nous disposons d'une ébauche ou d'un début laissé en l'état. Certains sujets l'ont obsédé toute sa vie, sans qu'il puisse trouver le temps de les écrire.

Proscrits (Les) : roman paru dans la *Revue de Pari*s en mars 1831 (*Etudes philosophiques*). En 1308, à Paris, Jacqueline, femme du sergent du guet Joseph Tirechair, loge deux énigmatiques étrangers. Il s'agit de Dante et d'un certain Godefroid, venu étudier la théologie. Une aide-repasseuse s'y intéresse : c'est la comtesse Mahaut, dont Godefroid est le fils naturel, un mystique qui se pend, désespéré, car il se croit banni d'une patrie spirituelle. Dante le sauve et lui explique qu'il faut se résigner à la volonté divine. La comtesse lui annonce que sa naissance est reconnue, alors que Dante peut rentrer dans sa patrie.

Province : on ne saurait résumer la place de la province dans *La Comédie humaine**. Il existe un livre excellent sur les villes provinciales chez Balzac : Nicole Mozet, *La Ville de province dans l'œuvre de Balzac*, Paris, SEDES, 1982.

Pseudonymes : Balzac y eut recours dans sa carrière romanesque (lord R'Hoone, anagramme d'Honoré jusqu'à *Clotilde de Lusignan** et Horace de Saint-Aubin avant de signer Balzac *Le Dernier Chouan*, pour lequel il avait d'abord envisagé d'utiliser le nom de Victor Morillon) et dans sa carrière journalistique : Mar. O'C., Alex ou Alexandre de B., Alfred Coudreux, Eugène Morisseau.

Rabou (Charles) : ami de Balzac (1803-1871) qui participa aux *Contes bruns** et termina deux œuvres inachevées (*Le Député d'Arcis** et *Les Petits Bourgeois**).

Rabouilleuse (La) : roman paru en 2 parties dans *La Presse* en 1841 et 1842 (*Scènes de la vie de provinc*e). A Issoudun, âgée de douze ans, Flore Brazier, surnommée la Rabouilleuse (de rabouiller : battre les ruisseaux pour en faire sortir les écrevisses) est installée chez lui par le Dr Rouget, qui déshérite sa fille pour elle. Jean-Jacques, le fils, en fait sa maîtresse après la mort du docteur. Revient au pays Maxence Gilet, qui s'impose comme amant de cœur. L'ancien colonel Philippe Bridau le tue en duel, pousse Flore à épouser Jean-Jacques, les emmène à Paris où Rouget s'épuise dans les bras de Lolotte. Philippe met alors la main sur Flore et sa fortune, la pousse à la débauche et l'abandonne. Elle meurt dans la misère.

Raisson (Horace) : courtier littéraire qui eut une certaine influence sur Balzac, notamment en lançant la mode des Codes.

Rastignac (Eugène de) : l'un des plus importants personnages de *La Comédie humaine**, où il apparaît une vingtaine de fois. Sous forme de «plaisanterie», Balzac a lui-même résumé sa carrière dans la préface d'*Une fille d'Eve** : «Rastignac (Eugène-Louis), fils aîné du baron et de la baronne de Rastignac, né à Rastignac, département de la Charente, en 1799; vient à Paris en 1819, faire son droit, habite la maison Vauquer, y connaît Jacques Collin, dit Vautrin*, et s'y lie avec Horace Bianchon, le célèbre médecin. Il aime Mme Delphine de Nucingen*, au moment où elle est abandonnée par de Marsay*, fille d'un sieur Goriot, ancien marchand vermicellier, dont Rastignac paye l'enterrement. Il est un des lions* du grand monde; il se lie avec tous les jeunes gens de son époque, avec de Marsay, Baudenord, d'Esgrignon*, Lucien de Rubempré*, Emile Blondet*, du Tillet*, Nathan*, Paul de Manerville*, Bixiou*, etc. L'histoire de sa fortune se trouve dans *La Maison Nucingen**; il reparaît dans presque toutes les scènes, dans *Le Cabinet des antiques**, dans *L'Interdiction**. Il marie ses deux sœurs, l'une à Martial de la Roche-Hugon, dandy du temps de l'Empire, un des personnages de *La Paix du ménage**;

l'autre à un ministre. Son plus jeune frère, Gabriel de Rastignac, secrétaire de l'évêque de Limoges dans *Le Curé de village**, dont l'action a lieu en 1828, est nommé évêque en 1832 (voyez la *Fille d'Eve**). Quoique d'une vieille famille, il accepte une place de sous-secrétaire d'Etat dans le ministère de de Marsay, après 1830 (voir les *Scènes de la vie politique*), etc.»

Recherche de l'Absolu (La) : roman paru en 1834 et réédité en 1839 (*Etudes philosophiques*). A Douai, Balthazar Claës mène avec sa femme une vie heureuse, quand arrive Adam de Wierzchownia, qui, passionné de chimie, persuade Balthazar qu'on peut trouver l'Absolu, la «substance commune à toutes les créatures, modifiée par une force unique». Dès lors, Balthazar ne vivra que pour cette chimère. Sa femme en meurt, ne pouvant l'arracher à la science. Sa fille aînée Marguerite parvient à sauver ce qui reste et convainc son père d'accepter une place en Bretagne. Il revient pour le mariage de ses filles, constate que l'une de ses expériences s'est poursuivie d'elle-même et retombe dans sa monomanie. Il mourra dans la misère et paralysé.

Rénovateur (Le) : journal légitimiste auquel Balzac donnera plusieurs articles en 1832.

Réquisitionnaire (Le) : nouvelle parue dans la *Revue de Paris** en février 1831 (*Etudes philosophiques*). Auguste, fils de la comtesse de Dey, combattant chez les émigrés, est fait prisonnier, mais peut avertir sa mère qu'il va s'évader. Se présente à Carentan un Julien Jussien, réquisitionnaire qui demande un billet de logement. Le maire est convaincu qu'il s'agit d'Auguste auquel il ressemble et l'envoie chez la comtesse. En découvrant qu'il ne s'agit pas de son fils, elle meurt de désespoir alors qu'Auguste est fusillé.

Ressources de Quinola (Les) : comédie en 5 actes représentée à l'Odéon le 19 mars 1842. Balzac était tellement sûr du succès qu'il vendit lui-même les billets, mais trop cher. La salle était loin d'être pleine et un chahut perturba la représentation. Rejouée avec plus de succès en 1863, la pièce se passe en Espagne au XVIe siècle. Fontanarès a inventé la navigation à vapeur, et son valet Quinola se débrouille pour faire recevoir son maître par le roi. Mais un jaloux fait croire qu'il est l'inventeur et, de rage, Fontanarès coule le bateau.

Restaud (comte et comtesse de) : personnages importants du *Père Goriot** et de *Gobseck**. Anastasie Goriot a épousé le comte, et fait des folies pour son amant Maxime de Trailles*.

Retour des personnages : principe appliqué pour la première fois dans *Le Père Goriot**. Il consiste à faire se retrouver dans des intrigues successives ou interférentes des personnages déjà mis en scène dans d'autres romans. Selon Laure Surville, c'est en 1833 que son frère arriva triomphant chez elle en lui annonçant ce trait de génie. Sur les 2 504 personnages ou groupes de personnages fictifs de *La Comédie humaine**, 567 reparaissent au moins une fois, dont 460 font de fréquents retours. Seuls 86 figurent 5 fois, et 18 entrent en scène plus de 15 fois.

Revue des deux mondes : fondée en 1829, elle publia le début de *L'Enfant maudit** (1831) et *Le Message** (1832).

Revue de Paris : fondée en 1829, achetée par Buloz en 1839, qui la dirige jusqu'en 1844, elle procura à Balzac la possibilité de nombreuses publications entre 1830 et 1837.

Revue parisienne : publication mensuelle fondée par Balzac en 1840, et qui n'eut que 3 numéros. Elle devait joindre à la «chronique réelle des affaires publiques» la critique littéraire et un «fragment littéraire». Les cinq ou six cents abonnés purent y lire notamment les *Etudes sur M. Beyle* (voir Stendhal*) et *Z. Marcas**.

Robes de chambre : Balzac aimait travailler dans cette tenue, largement exploitée par les peintres et les caricaturistes. Il les faisait faire par Buisson*.

Rochefide (famille de) : elle occupe une place centrale dans *Béatrix**.

Rocher de Cancale : célèbre restaurant de la rue Montorgueil où Balzac aimait à se rendre et qu'il utilise fréquemment dans *La Comédie humaine**.

Roguin (Maître) : notaire reparaissant qui se ruine pour Esther Gobseck* et ruine plusieurs personnages.

Romans de jeunesse : on peut considérer que la production balzacienne «avant Balzac» est un apprentissage littéraire.

ARGOW LE PIRATE

Signés de pseudonymes ou anonymes, ces romans témoignent de l'attention avec laquelle leur auteur étudie les courants dominants de l'époque. Outre deux œuvres non éditées du vivant de l'auteur, *Sténie* et *Falthurne*, on peut citer en 1822, *L'Héritière de Birague**, *Jean-Louis ou La Fille trouvée**, *Clotilde de Lusignan ou Le Beau Juif**, *Le Centenaire ou Les Deux Beringheld** et *Le Vicaire des Ardennes**; en 1823, *La Dernière Fée ou La Lampe merveilleuse**; en 1824, *Annette et le criminel**; en 1825, *Wann Chlore**. On considère généralement que Balzac collabora à d'autres romans. En 1835, Balzac, pressé par des besoins d'argent, accepta que soient rééditées sous ce nom les œuvres signées Horace de Saint-Aubin. Il obtint 10 000 F d'avance. Il remania les textes et changea des titres : *Wann Chlore* devint *Jane la pâle*; *Le Centenaire*, *Le Sorcier*; *Annette et le criminel*, *Argow le pirate*... On dispose aujourd'hui de tous ces textes dans leurs différentes versions.

Romans et contes philosophiques : publication chez Gosselin en 1831, regroupant 13 titres dont *La Peau de chagrin**. Plusieurs seront répartis autrement dans la *Comédie humaine**. Un seul ne sera pas repris : *La Comédie du diable*.

Ronquerolle (famille de) : le marquis fait partie des Treize (*Histoire des Treize**).

Rubempré (Lucien Chardon de) : l'un des plus importants personnages de *La Comédie humaine**. Si ses aventures sont concentrées dans *Illusions perdues** et *Splendeurs...**, il est le pendant de Rastignac, type de l'ambitieux lucide et énergique. Faible, velléitaire, Lucien est victime de la société et de ceux qui le manipulent.

Rues : voir Maisons habitées par Balzac*.

Saché : les Margonne, amis de la famille Balzac, avaient une propriété dans cette commune d'Indre-et-Loire. Balzac y fit de nombreux séjours, notamment l'été (1823, 1825, 1829, 1830, 1831, 1832, 1834, 1836, 1837), y travailla beaucoup, avant de revenir en 1848. A Mme Hanska, il écrivit en 1833 : «Je vais toujours méditer là quelques ouvrages sérieux. Le ciel y est si pur, les chênes si beaux, le calme si vaste!» Un musée Balzac y est aujourd'hui installé.

Saint-Martin (Louis-Claude de), dit le Philosophe inconnu (1743-1803) : illuministe dont la pensée influença Balzac, comme celle de Jacob Bohme ou de Swedenborg*.

Sainte-Beuve (Charles-Augustin de) : cet écrivain et critique (1804-1869) n'aimait guère les romans de Balzac et en particulier le retour des personnages*. Balzac le lui rendait bien. C'est en partie pour refaire *Volupté*, roman de Sainte-Beuve, que Balzac écrivit *Le Lys dans la vallée**.

Sallambier (famille) : nom de famille de la mère d'Honoré, Anne-Charlotte-Laure. Marie-Barbe-Sophie, sa mère, était d'un caractère difficile et d'une humeur peu agréable. Elle se fit verser une rente annuelle par M. de Balzac pour rembourser une somme qu'elle lui avait confiée et qu'il avait perdue dans une spéculation boursière. Avec cette rente elle payait sa pension à sa fille et à son gendre.

Sand (Aurore Dupin, baronne Dudevant, dite George, 1804-1876) : elle fut l'une des plus fidèles amies littéraires de Balzac, qui fit sa connaissance en 1831. En 1838, Balzac séjourna chez elle à Nohant. Il lui dédia les *Mémoires de deux jeunes mariées**. Félicité des Touches, écrivain de la *Comédie...** lui doit beaucoup.

Sandeau (Jules) : cet écrivain (1811-1883) fut l'ami de Balzac, qui l'hébergea rue Cassini et envisagea de collaborer avec lui. Il fut l'amant de George Sand*; Balzac fit ainsi la connaissance de la bonne dame de Nohant.

Sardaigne (mines de) : l'un des projets de Balzac, qui tarda à saisir l'occasion de remettre en valeur les mines d'argent, et se fit devancer par un Génois qui lui avait d'ailleurs fourni le renseignement en 1837.

Sarrasine : nouvelle parue dans la *Revue de Paris* en novembre 1830 (*Scènes de la vie parisienne*). Ayant obtenu le prix de Rome en 1758, le jeune Sarrasine part pour la villa Médicis, y tombe amoureux d'une cantatrice, Zambinella, mais se rend compte qu'il s'agit d'un castrat, protégé du cardinal Cicognara. Il veut se venger, enlève Zambinella mais est tué par les sbires du cardinal. Il laisse une statue de Zambinella. Ce texte donna l'occasion à Roland Barthes d'appliquer sa méthode critique (*S / Z*, 1970).

Scènes de la vie privée et publique des animaux : publication par livraisons, pour laquelle Balzac écrivit plusieurs textes en 1842, dont *Les Peines de cœur d'une chatte anglaise*, qui donnèrent lieu à une savoureuse adaptation théâtrale en 1977.

Scènes de la vie privée : titre donné en avril 1830 à six nouvelles, et qui devait composer une partie des *Etudes de mœurs au XIXe siècle**.

Schontz (Joséphine Schiltz, Mme Aurélie) : demi-mondaine qui apparaît dans *Béatrix**, *La Cousine Bette** et les *Petites Misères de la vie conjugale**.

Scott (sir Walter) : principal représentant du roman historique (1771-1832) pour qui Balzac eut la plus grande admiration, et qui eut sur l'écrivain une influence majeure.

Secrets de la princesse de Cadignan (Les) : roman paru dans *La Presse* en 1839 sous le titre *Une princesse parisienne* (*Scènes de la vie parisienne*). Diane d'Uxelles, duchesse de Maufrigneuse, princesse de Cadignan à la mort de son beau-père, a inspiré une passion à Michel Chrestien*, disparu. En lui racontant de manière enjolivée sa vie, elle séduit d'Arthez*, l'ami de Michel, avec qui elle connaîtra le bonheur.

Sédillot (Charles Antoine) : cousin de Mme Balzac mère qui liquida en 1838 l'affaire de fonderie et négocia en 1846 le recouvrement des dettes contractées par Honoré envers sa mère.

Seraphîta : roman paru en 1834 dans la *Revue de Paris* et complété en 1835 (*Etudes philosophiques*), dédié à

«Eveline de Hanska, née comtesse Rzewuska». En Norvège, en 1800, le jeune Wilfrid fait connaissance de Minna, fille du pasteur Becker, et tombe amoureux d'un être étrange, dont Minna est aussi amoureuse. Ce Séraphitus-Séraphîta est un androgyne, qui n'est pas de ce monde, et qui s'élève dans une assomption lumineuse en révélant aux jeunes gens qu'ils s'aiment. Cet ouvrage est fortement influencé par la pensée mystique de Swedenborg*.

Sérisy (comte et comtesse de) : personnages reparaissants. Lucien de Rubempré sera le grand amour de la comtesse (*Splendeurs...*).

Siècle (Le) : journal dans lequel Balzac fit paraître plusieurs romans-feuilletons, dont *Albert Savarus*, *Une fille d'Eve* et *Pierrette*.

Silhouette (La) : hebdomadaire fondé par Emile de Girardin en 1829, et où Balzac fut publié.

Société des gens de lettres : constituée le 16 avril 1838, elle eut Balzac pour président en 1839. Il essaya de faire adopter un Code littéraire, qui établisse les droits des auteurs et le principe de la propriété littéraire.

Splendeurs et misères des courtisanes : roman où se réunissent 4 parties publiées entre 1838 et 1847 (*Scènes de la vie parisienne*). Sauvé par l'abbé Carlos Herrera (*Illusions perdues*), Lucien de Rubempré est l'amant secret d'Esther Gobseck*. Vautrin*-Herrera veut arranger le mariage de Lucien et de Clotilde de Grandlieu. Pour cela, il faut de l'argent, qu'Esther devra soutirer au banquier Nucingen*, qui en est follement amoureux. Désespérée, Esther

accepte, mais se suicide au moment où elle hérite de son grand-oncle, ce qui aurait évité ce stratagème. Lucien est accusé de sa mort, et se pend en prison, avant que les intrigues de Mme de Serisy, qui l'aime, ne parviennent à l'innocenter, alors que Vautrin parvient à se tirer d'affaire et devient même chef de la Police.

Stendhal (Henri Beyle, dit) : Balzac admirait beaucoup cet écrivain (1783-1842), et rédigea pour la *Revue parisienne* un article sur *La Chartreuse de Parme* où il voyait «le chef-d'œuvre de la littérature à idées» (*Etudes sur M. Beyle*, 25 septembre 1840).

Sténie ou les erreurs philosophiques : roman par lettres esquissé par Balzac. Voir Romans de jeunesse*.

Sur Catherine de Médicis : titre regroupant trois récits précédés d'une introduction et parus entre 1830 et 1841 (*Etudes philosophiques*). Evoquant les guerres de religion et la Révolution, Balzac y exprime ses vues historiques.

Surville (famille) : ingénieur des Ponts et Chaussées, Eugène-Auguste-Georges-Louis Midy de la Grenneraye, qui prit le nom de sa mère, Catherine Allain dite Surville, épousa en 1820 Laure, sœur d'Honoré. Balzac mêla Surville à ses affaires et utilisa son nom pour louer la maison de la rue Cassini. Laure fut l'amie et la confidente de son frère, qui lui racontait ses projets, ses soucis, ses déceptions. Elle fut elle-même écrivain et publia des contes, avant d'écrire un *Balzac, sa vie et ses œuvres*, d'après sa correspondance (1858).

Swedenborg (Emmanuel) : théosophe suédois (1688-1772) dont la pensée eut une influence considérable sur Balzac. Selon lui, le monde spirituel nous entoure et agit directement sur nous. Nous sommes capables de nous élever au Christ par l'amour, lequel peut purifier l'humanité.

Taillefer (Jean-Frédéric) : banquier qui a bâti sa fortune sur un assassinat (*L'Auberge rouge**). Il a chassé sa femme et déshérité Victorine (*Le Père Goriot**).

Talleyrand (Charles-Maurice de) : lors d'un séjour à Saché*, Balzac fut présenté à ce fameux homme politique et diplomate, et fut même retenu à dîner.

Ténébreuse affaire (Une) : roman d'amour, historique et policier, paru en feuilleton dans *Le Commerce* du 14 janvier au 2 février 1841 (*Scènes de la vie politique*). Aidée du dévoué Michu, Laurence de Cinq-Cygne tente de sauver un conspirateur royaliste de la police de Fouché représentée par Corentin*.

Testament : Balzac le rédigea le 28 juin 1847. Il désignait l'avocat général Glandaz comme exécuteur, et comme légataire sa mère si Mme Hanska décidait de ne pas accepter l'intégralité de ses biens. Il faisait en outre divers legs d'objets de valeur à ses amis. Enfin, il demandait un convoi funéraire de dernière classe.

Théâtre : après un *Cromwell** et un *Corsaire* resté à l'état de projet, Balzac entreprit en 1822 *Le Nègre*, un mélodrame en 3 actes signé Horace de Saint-Aubin, refusé par le théâtre de la Gaîté. Parmi de multiples projets, six aboutiront : *L'Ecole des ménages**, *Vautrin**, *Les Ressources de Quinola**, *Paméla Giraud**, *La Marâtre** et *Mercadet** (*Le Faiseur*).

Théorie de la démarche : essai publié dans *L'Europe littéraire* en août-septembre 1833, qui fait suite au *Traité de la vie élégante**, et met plaisamment en rapport mouvement et pensée.

Tillet (Ferdinand, dit du) : enfant abandonné, qui vole César Birotteau et contribue à sa faillite pour se venger d'avoir été chassé. Il fonde une banque (*Melmoth réconcilié**), s'associe aux autres banquiers (*La Maison Nucingen**). Accueilli partout, il délaisse sa femme (née Marie-Eugénie de Granville, alliée aux Vandenesse*) pour de nombreuses maîtresses, touche à la presse, la politique et finit député.

Torpille (La) : surnom d'Esther Gobseck*, et titre initial de la 1re partie de *Splendeurs et misères des courtisanes**.

Touches (famille des) : elle figure dans *Béatrix**, mais Félicité, qui doit beaucoup à Marie d'Agoult* et à George Sand*, personnage pivot du roman, reparaît fréquemment. Mondaine accomplie, écrivain célèbre, elle reçoit beaucoup lors de ses raouts (brillantes réunions mondaines), où l'on raconte des histoires.

Tours : si la maison natale de Balzac a disparu dans les bombardements, le musée conserve d'intéressants souvenirs.

Balzac y séjourna après sa jeunesse, et c'est dans cette ville que Félix de Vandenesse rencontre Mme de Mortsauf (*Le Lys dans la vallée**).

Trailles (comte Maxime de) : type même du lion*, qui apparaît fort souvent dans les romans de Balzac. Dépensier, joueur, libertin, il fréquente les salons et les femmes les plus élégantes comme les courtisanes. Il se range en ramenant Calyste à sa femme (*Béatrix**) et en se lançant dans la politique (*Le Député d'Arcis**).

Traité de la vie élégante : essai resté inachevé, paru dans *La Mode* d'octobre à novembre 1830. Balzac y expose les dogmes du dandysme.

Traité de la volonté : selon Laure Surville*, Balzac aurait rédigé un tel ouvrage alors qu'il était chez les Oratoriens. Il le fait en tout cas écrire à Louis Lambert*.

***Traité des excitants moderne**s* : écrit en 1838, cet essai traite de l'eau-de-vie, du sucre, du thé, du café et du tabac.

Trumilly (Eléonore de) : jeune fille que Balzac avait songé épouser, ce qui aurait pu servir ses ambitions politiques.

Ursule Mirouët : roman écrit en vingt jours, paru dans *Le Messager* du 25 août au 23 septembre 1841 (*Scènes de la vie de province*). Situé à Nemours, il raconte une captation d'héritage déjouée par des puissances occultes. Le docteur Minoret laisse une dot à sa pupille Ursule, et ses biens à Savinien de Portenduère, qu'elle aime et qui l'aime. Tout finira bien, malgré les manœuvres de Minoret-Levrault, neveu du docteur.

Valette (Hélène de) : cette veuve (1808-1873) entretint avec Balzac une correspondance à partir de 1838, et sans doute une liaison, qui semble avoir pris fin vers 1844. *Le Curé de village** lui est dédié («A Hélène»).

Vandenesse (famille) : famille de Touraine. Alfred apparaît dans *La Femme de trente ans**. Charles, son père, également, comme amant de la marquise d'Aiglemont*. Félix, frère du précédent, est le héros du *Lys dans la vallée**, et joue un rôle essentiel dans *Une fille d'Eve**.

Vautrin : drame en 5 actes représenté le 14 mars 1840 à la Porte-Saint-Martin. Forçat évadé, Vautrin y protège le beau Raoul de Frescas, qui se révèle être le fils abandonné de la duchesse de Montsorel. Raoul fera un beau mariage et Vautrin se laissera arrêter sans résistance. La pièce fut interdite après la première représentation, car Frédérick Lemaître*, qui jouait Vautrin, s'était grimé en Louis-Philippe. La pièce sera reprise avec succès en 1850, mais Balzac, n'ayant pas été prévenu, fit suspendre les représentations. Elle sera de nouveau jouée en 1869 et en 1917. Voir Théâtre*.

Vautrin : de son vrai nom Jacques Collin, surnommé au bagne Trompe-la-Mort. C'est peut-être avec Rastignac* et Lucien de Rubempré* l'un des plus importants personnages de *La Comédie...**. On le découvre dans *Le Père Goriot**, où il est arrêté par son ennemi Bibi-Lupin*. Il s'évade, et prend l'identité de l'abbé Carlos Herrera, sauve Lucien à la fin d'*Illusions perdues**, organise ses amours avec Esther Gobseck* et tente de lui faire faire un grand mariage. Le suicide de Lucien l'amène à révéler sa véritable identité et à devenir chef de la Sûreté. Bandit cynique et lucide, il a compris tous les mécanismes de la vie sociale.

Vendetta (La) : roman paru en avril 1830 dans *La Silhouette* puis dans les *Scènes de la vie privée*. L'histoire se situe en Corse.

Verdugo (El) : récit paru en janvier 1830 dans *La Mode*, qui se situe pendant la guerre d'Espagne sous l'Empire.

Vicaire des Ardennes (Le) : roman paru en 1822 sous la signature d'Horace de Saint-Aubin. Il fut interdit comme attentatoire aux mœurs et à la religion, car un prêtre s'y marie sans avoir été relevé de ses vœux. Voir Romans de jeunesse*.

Vidocq (François-Eugène) : forçat évadé (1775-1857) qui devint en 1809 chef d'une brigade de la sûreté recrutée parmi les forçats libérés. Publiés en 1828, ses *Mémoires*, qu'il ne rédigea pas, sont un remarquable témoignage sur les mœurs criminelles et l'argot de l'époque.

Vieille Fille (La) : roman paru dans *La Presse* du 23 octobre au 4 novembre 1836. C'est le premier roman-feuilleton. A Alençon*, Rose Marie Cormon, vieille fille dévote, rêve d'un mari, croit l'avoir trouvé en la personne du vicomte de Troisville, qui se révèle marié et père de famille. En désespoir de cause, elle épouse le libéral du Bousquier.

Viellerglé : pseudonyme de Le Poitevin de l'Egreville*.

Vignon (Claude) : brillant journaliste littéraire (*Illusions perdues**, *Une fille d'Eve**), amant de Félicité des Touches (*Béatrix**). Il finit professeur au collège de France (*Les Comédiens sans le savoir**).

Villeparisis : la famille Balzac s'y installa. Balzac y rencontre Mme de Berny*.

Villers-la-Faye (Louis-Philippe de) : maire de l'Isle-Adam*, vieil ami de la famille Balzac.

Vinet (famille) : magistrats qui jouent un rôle notamment dans *Pierrette**, *Les Petits Bourgeois** et *Le Cousin Pons**.

Voleur (Le) : journal créé en 1828 par Emile de Girardin. Balzac lui donna de nombreux articles et y publia un fragment d'*Une double famille* (avril 1830) et un extrait d'*Un drame au bord de la mer* (novembre 1834).

Voyages : a) En France, Balzac aime surtout la Touraine, qu'il fait connaître à Mme de Berny*, à Hélène de Valette*, et à Mme Hanska*. Il fait aussi des

déplacements d'affaires à Alençon*, ou de documentation, comme à Arcis-sur-Aube, ou à Fougères*.
b) A l'étranger : 1) De Savoie à Genève avec Mme de Castries*. 2) En Suisse, décembre 1833 et janvier 1834. Il y rencontre Eve Hanska, à Neuchâtel, puis Genève. 3) En Autriche, mai-juin 1835. Il y voit Eve, et visite le champ de bataille de Wagram, pour un roman qui ne sera jamais écrit. 4) En Italie pour affaires (juillet-août 1836) et pour le compte des Guidoboni-Visconti*, en compagnie de Caroline Marbouty*. Retour par la Suisse. Il y retourne en février-avril 1837. 5) En Corse et en Sardaigne (mars 1838). Retour par l'Italie. 6) Saint-Pétersbourg en juillet 1843, retour par Berlin, Dresde, Mayence, Liège et Bruxelles.
7) A Dresde en avril 1845, pour rejoindre Eve. Hambourg, Wurtemberg, Strasbourg et retour à Paris avec Eve.
8) Août 1845, Balzac accompagne Eve et Anna à Strasbourg et Bruxelles.
9) Septembre 1845, Strasbourg. 10) Italie, d'octobre 1845 à mars 1846. 11) Deux voyages éclair en septembre et octobre 1846 à Wiesbaden pour le mariage d'Anna. 12) A Francfort en février 1847 pour ramener Eve à Paris. Il la reconduit en mai en Allemagne. 13) Septembre 1847 : Wierzschownia. Retour en février 1848 par Lwow, Breslau et Francfort.

Wann Chlore : roman paru anonymement en 1825. Le nom d'Horace de Saint-Aubin n'apparaîtra que dans la réédition de 1836, où l'œuvre prend le titre de *Jane la pâle*. Balzac y met en scène le duc de Landon qui, après une désillusion sentimentale due aux manigances d'un traître, rencontre Eugénie d'Arneuse, qu'il épouse sans l'aimer vraiment. Il retrouve celle qu'il aimait d'abord, l'épouse sous un faux nom. Eugénie s'engage dans le ménage comme servante : les deux amants meurent de douleur. Voir Romans de jeunesse*.

Wierzschownia : domaine et château des Hanski. Balzac y séjourna longuement.

Zanella : servante de Balzac rue Fortunée, mauvaise cuisinière, mauvaise langue qu'Eve finira par congédier.

Z. Marcas : nouvelle parue le 25 juillet 1840 dans le premier numéro de *La Revue parisienne* (*Scènes de la vie politique*). Zéphirin Marcas, provincial monté à Paris est doué d'un sens politique étonnant, mais ne parviendra jamais à l'utiliser. Il meurt épuisé et dans la misère. Le nom était réellement celui d'un tailleur.

Note : les astérisques renvoient à d'autres entrées de ce dictionnaire.

Balzac dans l'Empire russe

«Je deviendrai Russe si vous n'y voyez pas d'obstacles, et j'irai demander au czar la permission nécessaire à notre mariage. Ce n'est pas si sot! Et dans les 15 premiers jours d'engouement qui marqueront ma visite, l'hiver prochain, je pourrais obtenir bien des choses. Pensez à ceci. Il y a deux ans que je songe à aller faire une littérature et un théâtre à Saint-Pétersbourg et à y juger les œuvres de l'Europe, et j'y resonge depuis quelques jours» (Lettre à Mme Hanska, 9 avril 1842).
1843, 1847, 1848 : trois fois, Balzac se rend en Russie, où sa popularité est grande. Mythe ou réalité? Il y voit le pays où réaliser ses espoirs politiques et littéraires.

Le 14 juillet 1843, Balzac se rend à l'ambassade de Russie faire viser son passeport pour Saint-Pétersbourg.

Depuis plusieurs années déjà, il exprime dans sa correspondance le désir d'aller en Russie et particulièrement en Ukraine, dans le vaste domaine de Wierzchownia, propriété de Mme Hanska, où dès 1834, il est prêt à s'installer définitivement.

Ce 14 juillet, il est reçu à l'ambassade de Russie par le secrétaire Victor de Balabine, jeune aristocrate snob, qui, dans son *Journal,* a laissé un portrait peu flatteur de l'écrivain : «Petit homme gros, gras, figure de panetier, tournure de savetier, envergure de tonnelier, allure de bonnetier, mise de cabaretier» qui se conclut par ces mots sans indulgence : «Il n'a pas le sou, donc il va en Russie; il va en Russie, donc il n'a pas le sou.»

Cependant le chargé d'affaires en poste à Paris, Nicolas Dmitriévitch Kisselev (à cette époque, la Russie n'a pas d'ambassadeur à Paris, car Nicolas Ier juge illégitime le pouvoir de Louis-Philippe) voit immédiatement quel parti tirer du voyage de Balzac. Dans la dépêche

chiffrée qu'il envoie au ministre des affaires étrangères de Nicolas Ier, le comte Nesselrode, il fait allusion aux besoins d'argent de l'écrivain et suggère de «mettre à profit la plume de cet auteur qui conserve encore quelque popularité ici, comme en Europe en général, pour le porter à écrire la contrepartie de l'hostile et calomnieux ouvrage de M. Custine».

«L'affaire Custine»

L'ouvrage en question, c'est *La Russie en 1839,* que le marquis de Custine a publié début 1843. Si en France ce livre a obtenu un grand succès, en Russie, la critique du régime et des institutions autocratiques, le ton dans lequel elle est formulée ont suscité l'indignation. A tel point qu'au moment même où Balzac se prépare à partir pour la Russie, les fonctionnaires du tsar tentent de déchaîner une campagne de presse contre Custine et de faire publier des réfutations du livre directement envoyées de Saint-Pétersbourg. Si à ces articles médiocres et peu convaincants pouvait succéder la plume de l'auteur de *La Comédie humaine,* ce serait bien évidemment un coup de maître.

Philarète Chasles ayant fait allusion dans la presse au projet de l'ambassade, Balzac eut vent de cette machination et toutes sortes de bruits coururent autour de son voyage; il s'en plaignit à son retour: «On dit que j'ai refusé des sommes énormes pour écrire une certaine réfutation. Quelle sottise! Votre souverain est trop spirituel pour ignorer qu'une plume payée n'a pas la moindre autorité. Je n'écris ni pour, ni contre la Russie» (*Lettres à Madame Hanska*, 31 janvier 1844). En définitive, loin de lui profiter, «l'affaire Custine» desservira Balzac lors de son séjour à Saint-Pétersbourg.

Le 19 juillet, Balzac quitte Paris pour Dunkerque et le 21, embarque sur le bateau à vapeur anglais *Devonshire,* qui depuis cette année-là assure la liaison entre Londres et Saint-Pétersbourg, avec escales à Dunkerque, Hambourg, Lubeck et Copenhague. Balzac a préparé son voyage: il a consulté le pittoresque *Guide du voyageur à Saint-Pétersbourg* (Paris, Bellizard, Dufour et Cie; Saint-Pétersbourg, F. Bellizard et Cie, 1840). A son retour, il évoque ainsi l'une de ses occupations: «Prendre le guide de l'étranger à Saint-Pétersbourg, déplier la carte,

Palais d'Hiver et de l'Hermitage, à Saint-Pétersbourg.

regarder le quai de la Cour, puis aller à la gravure qui représente ce quai où se trouve ce pont devant la Galerie de l'Hermitage» (*Lettres à Mme Hanska*, Passy, 21 octobre 1844). Le 29 juillet au matin, le bateau entre dans la rade de Kronstadt.

Huit ans se sont écoulés depuis la dernière rencontre de Balzac et de Mme Hanska. «Je suis arrivé le 17 juillet (style polonais) et j'ai eu le bonheur, à midi environ de revoir et de saluer ma chère comtesse E[ve] dans sa Maison Kutaïsoff, Grande Millione. Je ne l'avais pas vue depuis Vienne, et je l'ai trouvée aussi belle, aussi jeune qu'alors [...] Elle m'a reçu comme un vieil ami, et j'ai regardé comme des heures malheureuses, froides tristes, toutes celles que je n'ai pas passées près d'elle [...]», écrit-il dans le *Journal* à propos de Mme Hanska.

Saint-Pétersbourg

Balzac s'installe en face de la Maison Koutaïsov, rue Balchaia Millionnaia, dans la Maison Pétrov, un meublé tenu par une certaine Mme Tardif. Le quartier où il réside est celui des palais et des ambassades, où ne subsiste plus une seule maison en bois, à deux pas du palais impérial, de l'Amirauté, des quais de la Néva et de la perspective Nevski. Les fenêtres du salon «bleu» de Mme Hanska donnent sur le fleuve et sur la forteresse Pierre-et-Paul. Cependant, «l'envers du décor» n'échappe pas au fin observateur qu'est Balzac : les cours sombres et mal entretenues, les insectes, les punaises...

Le séjour de Balzac dans la capitale russe dure neuf semaines mais pour diverses raisons ne répond pas à ses attentes. Il est venu dans l'espoir de voir s'accomplir la promesse faite par

Mme Hanska de l'épouser : elle en ajourne l'exécution. Quant à ses espoirs littéraires et politiques, eux aussi s'effondrent.

L'accueil réservé à Balzac

Les milieux officiels «boudent» Balzac. Lui, qui dans ses lettres manifestait admiration et enthousiasme pour le souverain et le pouvoir en place, n'a pas eu «l'honneur de voir l'empereur autrement que, comme dit Rabelais, un chien regarde un évêque, c'est-à-dire à la revue de Krasnoë-Sélo» (*Lettres à Mme Hanska*, 31 janvier 1844). En effet, Balzac est invité *in extremis* à assister à la parade militaire du 9 août 1843, à Krasnoié-Sélo et mentionnera dans la *Lettre sur Kiew* : «J'ai vu l'Empereur Nicolas à la distance de cinq mètres [...] il ne m'a jamais vu, ni conséquemment parlé...» Balzac subissait les conséquences de «l'affaire Custine».

On peut juger de la suspicion dont il était l'objet, comme tout écrivain français se rendant en Russie dans ces circonstances, d'après une lettre de l'épouse du ministre des Affaires étrangères, la comtesse Nesselrode : «Balzac, qui a le mieux décrit les sentiments des femmes est actuellement dans nos murs, étonné, je pense, qu'on ne cherche pas à faire sa connaissance. [...] Il a été attiré en Russie par une dame polonaise, sœur du comte Rzewuski, qui est ici pour une affaire judiciaire; il y a quelques années, elle a voyagé avec cet écrivain. Il blâme Custine. Ce doit être ainsi mais il ne faut pas le croire sincère.»

Dans ces conditions, mais peut-être aussi par désir de ne pas être «trop en vue», à cause du procès autour de la succession des biens de Mme Hanska, Balzac se montre peu en public, fait néanmoins quelques apparitions à l'ambassade de France, au théâtre Michel où joue une troupe française dont Melle Allan est la vedette, aux concerts symphoniques de Pavlovsk, et visite les environs de Saint-Pétersbourg : Peterhof, Tsarkoié-Sélo. Mais ses fréquentations sont assez restreintes et se limitent essentiellement au cercle étroit des relations intimes de Mme Hanska et à quelques hauts fonctionnaires dont il faut se gagner les faveurs.

La presse aussi entoure l'arrivée de Balzac d'un grand silence : on trouve son nom dans les annonces signalant ses livres ou dans la réclame d'un sculpteur qui fait les bustes des célébrités littéraires. Dans d'autres journaux, on informe le lecteur de l'arrivée du *Devonshire,* sans préciser que le romancier se trouvait à son bord. Seule, la *Feuille pour les gens du monde,* journal peu lu, s'étonne qu'il en soit ainsi et annonce que «le célèbre Balzac, l'auteur d'*Eugénie Grandet* et du *Père Goriot,* un des plus grands écrivains de la France contemporaine, grand connaisseur du cœur humain, romancier divertissant, dont les œuvres sont connues presque par cœur dans notre haute société par tous les amateurs de livres passionnants» était au nombre des passagers. Dans les jours qui suivent, *L'Abeille du Nord,* organe plus répandu, se fait enfin l'écho de sa venue, puis publie une sévère critique de son œuvre et peu de jours avant son départ écrit : «Balzac a passé deux mois chez nous et il s'en va. Beaucoup se demandent maintenant ce qu'il va écrire sur la Russie. Ce n'est d'ailleurs qu'une curiosité littéraire; depuis quelque temps la Russie connaît toute sa valeur et se soucie fort peu de l'opinion des étrangers...» et quelques jours plus tard : «Nous ne l'[Balzac] avons même pas vu personnellement. Avec MM. les touristes-écrivains il est très dangereux de se rencontrer. Ayant entrepris le récit de leur voyage, ils parlent pour la plupart à l'aveuglette ou injustement de choses graves...» Tout ce contexte fera dire plus tard à Balzac : «J'ai reçu le soufflet qui était destiné à Custine.»

«La Comédie humaine » en Russie

La réserve de la presse et de la haute société russe dont Balzac est victime est en contradiction totale avec le très vif intérêt que lui témoignent, depuis le début des années 1830, les milieux littéraires et ses nombreux lecteurs. Dès 1830, revues et journaux font mention de ses œuvres, toutefois sans toujours préciser le nom de l'auteur; dans la *Literatournaia gazeta* du 21 janvier 1830, éditée à Saint-Pétersbourg, une note due à Pouchkine informe les lecteurs de la parution des «Mémoires de Sanson, bourreau parisien». En 1831, le *Journal pour les dames* publie la première traduction d'une œuvre de Balzac : des extraits de la *Physiologie du mariage.* La même année la revue *Télescope* publie la première traduction intégrale d'une œuvre de Balzac, *La Vendetta.* Dès lors, les revues russes publient régulièrement des traductions de ses œuvres. Elles sont aussi éditées dans des recueils d'œuvres d'écrivains étrangers. Les lecteurs russes peuvent aussi lire

МЩЕНІЕ.

ЭПИЗОДЪ ИЗЪ ЛѢТОПИСЕЙ СОВРЕМЕННОЙ ЖИЗНИ

Titre russe de *La Vendetta.*

МОСКВА

ВЪ ТИПОГРАФІИ ЛАЗАРЕВЫХЪ

ИНСТИТУТА ВОСТОЧНЫХЪ ЯЗЫКОВЪ

T*élescope*, revue parue à Moscou en 1831.

Balzac dans le texte original non seulement dans les éditions parisiennes largement diffusées en Russie, mais aussi dans la *Revue étrangère de la littérature, des sciences et des arts,* éditée en français à Saint-Pétersbourg, qui les publie presque aussitôt après leur parution dans les journaux parisiens. En 1832-1833, avec la parution de cinq petits volumes des *Scènes de la vie privée (La Vendetta, Gobseck, Le Bal de Sceaux, Le Devoir d'une femme [Adieu]),* commence la publication des œuvres de Balzac en russe, en éditions séparées; à la mort de l'écrivain, en 1850, presque toute *La Comédie humaine* sera éditée en russe. Malgré la qualité médiocre voire parfois très mauvaise des traductions, dans les années 1830-1840, Balzac est un des écrivains français les plus lus en Russie. Preuve de sa popularité, l'article paru dans le *Sovriemennik*, en 1838, «Balzac dans la province de Kherson» :

les dames de cette province, entichées de Balzac, prirent un voyageur français pour l'auteur de *La Comédie humaine!* Quant au marquis de Custine, en 1839, il avait constaté à regret «qu'en Russie, ils ne connaissent que Balzac» *(La Russie en 1839,* Custine, Paris, 1843*).*

Les milieux littéraires de l'époque s'intéressent à Balzac même si son œuvre suscite parfois de sévères critiques. Dans le cercle de Pouchkine et de ses amis, on lit Balzac avec un très vif intérêt. Certains écrivains iront même jusqu'à produire des imitations de Balzac (*Scènes de la vie de Saint-Pétersbourg, Scènes de la vie contemporaine*). Dans le compte-rendu de sa visite à l'auteur de *La Comédie humaine*, aux Jardies, en 1839, Stépan Pétrovitch Chévyriov, poète, critique et historien de la littérature, spécialiste des lettres étrangères, écrit qu'«en Russie, [...] Balzac est presque national». Balzac lui-même était conscient de cette popularité, puisque dans la lettre à Mme Hanska datée du 1er mai 1843, il écrit : «*La Comédie humaine* (grâce à la Russie qui en prend beaucoup) est devenue une bonne affaire.» La jeune génération des écrivains russes s'intéresse aussi à Balzac : Dostoïevski fait son entrée en littérature avec la traduction d'*Eugénie Grandet*, qui paraît dans la revue *Répertoire et Panthéon* en 1844. Dans ce contexte, on comprend quelle déception dut éprouver Balzac lors de son séjour à Saint-Pétersbourg.

Le 7 octobre, Balzac quitte Saint-Pétersbourg par la malle-poste, traverse les provinces baltes et voyage jusqu'à Dresde en compagnie du sculpteur russe N. A. Ramazanov, qui dans une série de lettres donne des détails pittoresques sur le comportement de l'écrivain en voyage. Le 22 octobre, il prend le train à Dresde, passe quelques jours en Allemagne et regagne Passy le 3 novembre au soir.

Premier séjour en Ukraine : septembre 1847 - janvier 1848

Ce n'est que trois ans plus tard que Mme Hanska accepte enfin que Balzac reprenne le chemin de la Russie, «pour voir poindre les toits rouges de Wierzchownia au bout du voyage» (*Lettres à Mme Hanska*, 3 juin 1844). Le moment de réaliser le désir si souvent exprimé depuis tant d'années est venu. Il quitte Paris le 5 septembre 1847, par chemin de fer. La *Lettre sur Kiew*, écrite en 1847 mais inachevée, retrace avec précision son itinéraire : Valenciennes, Bruxelles, Liège, Aix-la-Chapelle, Cologne, Düsseldorf, Hamm.

La ligne n'est pas encore achevée, elle ne le sera que quarante jours plus tard : Balzac doit donc gagner Hanovre en Schnell-Post et Extra-Post, puis reprendre le train jusqu'en Silésie et de là gagner Cracovie en diligence. Après la traversée de la Galicie, le 11, il est à Brody, puis passe la frontière à Radziwilov, où le directeur des douanes, le Général Hackel, le reçoit aimablement. Le 11, tard dans la soirée, nouveau départ mais cette fois en kibitka, «voiture de bois et d'osier, traînée avec une vélocité de locomotive, [qui] vous traduit dans tous les os les moindres aspérités du chemin avec une fidélité cruelle»; il passe la nuit à Doubno, le jour suivant gagne Jitomir et Annopol, et, enfin, le 13, Berditchev. De Berditchev, un bouda, «panier oblong, posé sur une perche accompagnée de quatre roues» le conduit à travers la «terre noire et grasse d'Ukraine [...] où l'on sème toujours du blé» devant «une espèce de Louvre, de temple grec, doré par le soleil couchant, dominant une vallée» (*Lettre sur Kiew*) : Wierzchownia. Le périple a duré huit jours.

Wierzchownia

Wierzchownia est un domaine de 21 000 hectares, où travaillent plus de 3 000 serfs hommes. Dans cet immense château, construit au XVIIIe siècle par l'architecte italien Blério, on se chauffe à la paille; trois cents domestiques y travaillent et «il faut [y] avoir toutes les industries à soi, céans : il y a un confiseur, un tapissier, un tailleur, un cordonnier etc., attachés à la maison.» Balzac occupe, dans l'aile gauche, «un délicieux petit appartement composé d'un salon, un cabinet et une chambre à coucher; le cabinet est en stuc rose, avec une cheminée, des tapis superbes et des meubles commodes, les croisées sont toutes en glace sans tain, en sorte que je vois le paysage de tous les côtés. Ceci peut se faire imaginer ce que c'est que ce Louvre de Wierzchownia, où il y a cinq à six appartements de ce genre à donner. Comme je travaille beaucoup en ce moment pour pouvoir publier à mon retour [...], je déjeune chez moi; et je ne descends qu'au dîner; mais ces dames et le c[omte] Georges me font de petites visites. C'est une vie toute patriarcale, sans aucun ennui. Tout est convenable ici; tandis qu'ailleurs il y a une curieuse alliance de luxe et de misère. C'est le spectacle que donne

Kiew» (*Lettre à Laure Surville*,
novembre 1847).

Balzac se rend en effet à Kiev, peu de
jours après son arrivée : il y rencontre
le général Dmitri Gavrilovitch Bibikov,
gouverneur général de Kiev, qui a reçu
mission de le surveiller étroitement par
le gouverneur civil Foundoukleï M. V.
Iouzéfovitch, curateur de l'Université de
Kiev. La ville ne l'enthousiasme guère :
«J'ai donc vu la Rome du Nord, la ville
tartare aux 300 églises, et les richesses
de la Laurat, et la Sainte-Sophie des
steppes. C'est bon à voir une fois» (*Idem*).

A la fin du mois de janvier, Balzac
s'apprête à partir : «Je vais faire ce
voyage par un tel froid qu'il faut prendre
toute sorte de dispositions [...], je viens
d'essayer un manteau à mettre par-
dessus la pelisse, qui est comme
une muraille. Il y a quelques jours, en me
promenant en traîneau, je me suis aperçu
que la pelisse de renard de Sibérie était
comme une feuille de papier brouillard
devant ce froid terrible. [...] Il ne faudrait
pas être inquiet si je n'arrivais pas, car on
peut, par suite de l'accumulation des
neiges, avoir des retards de 8 à 10 jours»
(*Lettre à Laure Surville*, 26 janvier 1848).

Parti de Wierzchownia probablement
le 30 janvier, après quelques visites à des
antiquaires en Allemagne, Balzac
regagne la rue Fortunée le 15 février.
Il rapporte dans ses bagages *L'Initié*,
l'esquisse de *La Femme auteur* et
d'*Un caractère de femme*.

Second séjour en Ukraine : octobre 1848 - mars 1850

Dix jours après son retour à Paris,
la Révolution éclate. Dans les mois qui
suivent, Balzac échafaude des projets de
pièces de théâtre mais très vite exprime
le désir de retourner en Russie : «Le seul
pays du monde qui soit tranquille, et [...]

le seul où je voudrais être.» Afin
d'obtenir l'autorisation de se rendre de
nouveau en Ukraine, Balzac, le 20 juillet,
remet au chargé d'affaires russe deux
lettres destinées au Comte Ouvarov,
ministre de l'Instruction publique, à qui
il s'était déjà adressé l'an passé et
au comte Orlov, ministre de la Police.
Etant donné que «les opinions de Balzac
sont beaucoup plus littéraires que
politiques [...], sa conduite politique tout
à fait passive», Orlov fournit à Nicolas Ier
un rapport favorable à la venue de
Balzac en Ukraine, que le Tsar annote
ainsi : «Oui, mais avec une stricte
surveillance.» Balzac peut venir «trouver
ici l'oubli de la tempête qui bat le monde
politique» (*Lettre d'Ouvarov à Balzac*,
5 août 1848). Il se prépare de nouveau
au voyage et en avise le Général Hackel :
«[...] Je voyagerai cette fois encore tout
seul de Paris à Brody; et, comme je vais
voyager avec la plus grande rapidité, je
serais arrêté à chaque chemin de fer à
cause de mes bagages, attendu que je ne
sais pas un mot d'allemand, ayant
employé toute ma vie à savoir le français,
que je commence à écrire passablement.
Donc, j'ai pris le parti de faire douaner
ici, à Paris, mes effets et de les expédier à
Radziwiloff, douane restante [...]. Il se
prépare une effroyable bataille à
l'assemblée, et si je ne me hâte de partir,
je ne sais pas si, plus tard, on nous
laisserait *la liberté* de voyager; je viens
chercher la paix et la tranquillité en
Russie. La Russie est maintenant ma
maîtresse et la France ma femme
légitime; et, comme beaucoup de maris,
je serai plus souvent chez ma maîtresse
que chez ma femme» (*Lettre au général
Hackel*, 22 août 1848).

Le 19 septembre 1848, Balzac prend
le train pour Cracovie, où il s'attarde.
Le 27, il passe la frontière à Radziwilov,
où l'attend le comte André Mniszech,

frère du mari d'Anna Hanska, dont il est l'hôte pendant quelques jours, dans le très beau château de Wisnowiec. Le 2 octobre, il est à Wierzchownia.

V̲ue de Wisnowiec, exécutée par Paul Frémiot «maître de Georges et André Mniszech».

dépossédée de ses biens, comme le stipule la loi. En vain. Balzac annonce son retour en France pour octobre 1849 mais son état de santé, qui se dégrade, lui interdit un tel voyage.

Après «un effroyable rhume», il se rend à Kiev pour la «foire aux contrats» début 1850, où il tombe de nouveau malade.

Cependant, Mᵐᵉ Hanska a décidé de céder ses terres à sa fille, afin d'épouser Balzac. Le 2 mars 1850, en l'église Sainte-Barbe de Berditchev, l'abbé Ozarowski célèbre le mariage.

Après un dernier séjour à Kiev pour l'établissement des passeports, le 24 avril, c'est le départ pour la France. Les conditions de voyage sont difficiles : le dégel n'est pas fini et l'état de santé de Balzac empire. Le 30 mai, on est à Paris. Il ne reste à Balzac que quelques mois à vivre.

Anne Klimov,
Chargée de mission
à la Maison de Balzac,
commissaire de
l'exposition «Balzac
dans l'Empire russe»

Le mariage

Balzac y restera jusqu'en mars 1850. De nouveau, Mᵐᵉ Hanska entreprend des démarches pour obtenir l'autorisation d'épouser Balzac – un étranger – sans pour autant être

Note :
La Maison de Balzac, musée de la ville de Paris, organise, en collaboration avec la Russie et l'Ukraine, une grande exposition «Balzac dans l'Empire russe», du 7 avril au 11 juillet 1993.

La Maison de Balzac à Passy

«Je tiens à une maison calme, entre cour et jardin, car c'est le nid, la coque, l'enveloppe de ma vie» (Lettres à Mme Hanska, avril 1844). *Cachette où vint se réfugier l'écrivain poursuivi par ses créanciers, la Maison de Balzac est aussi le lieu où fut édité* La Comédie humaine. *Elle abrite aujourd'hui un musée et une bibliothèque et organise régulièrement des expositions.*

Vestige de ce que fut le village de Passy, avant son annexion à la capitale en 1860, la Maison de Balzac est l'une des dépendances d'une «folie» de la deuxième moitié du XVIIIe siècle. Balzac y loua le 1er octobre 1840, un appartement de cinq pièces en rez-de-jardin. Le contrat de location, établi au nom de la gouvernante de l'écrivain, Mme de Brugnol (ou Breugnol) précise le nom du propriétaire, un riche boucher de Passy, Etienne-Désiré Grandemain, établi au 19, rue Basse, aujourd'hui 47, rue Raynouard. Poursuivi par ses créanciers, menacé de saisie de son mobilier et de la vente judiciaire de sa propriété des Jardies à Sèvres, Balzac – sous le pseudonyme de «Monsieur de Breugnol» – avait trouvé là un abri commode.

À cette époque, à la place des grilles qui longent le mur du jardin, rue Raynouard, s'élevait le bâtiment principal – habité par le propriétaire – détruit lors des travaux d'élargissement de la rue, en 1937; c'est donc par un escalier intérieur que l'on accédait au pavillon bâti au flanc de la colline de Passy. Il constituait comme aujourd'hui le second étage d'une autre maison ouvrant sur la rue Berton, l'ancienne rue du Roc. Caché «pour quelques temps» comme il l'écrit à Mme Hanska, Balzac y vécut jusqu'en avril 1847.

Mais la «cabane de Passy» ne fut pas seulement le refuge aux deux escaliers qui permettait à l'écrivain de fuir par la rue Berton si quelque créancier se présentait rue Raynouard. Le cabinet de travail, heureusement conservé, fut le lieu d'un travail acharné. C'est là que, tout en poursuivant la rédaction de son œuvre (*Une ténébreuse affaire, La Rabouilleuse, Ursule Mirouët, Splendeurs et misères des courtisanes, La Cousine Bette, Le Cousin Pons...*),

Balzac corrigea l'ensemble de *La Comédie humaine.*

Musée privé inauguré officiellement en 1910, la Maison de Balzac devint musée de la ville de Paris en 1949. Elle occupe maintenant la totalité du bâtiment sur trois niveaux, c'est-à-dire, outre l'appartement de Balzac, au second étage, les diverses pièces occupées par d'autres locataires, «prolétaires et enfants de prolétaires» dont l'écrivain déplore le «tapage». Enfin, au rez-de-chaussée rue Berton, une grande salle correspondant à l'origine aux écuries et à d'autres logements, ou remises, abrite désormais une bibliothèque spécialisée de 10 000 volumes.

Maison, musée, bibliothèque, centre de recherches, ce «lieu de mémoire» est aussi résolument tourné vers l'avenir. Les collections de tableaux, estampes, objets, livres et documents, s'accroissent régulièrement. Parallèlement, des expositions sur le XIXe siècle ou sur un aspect de l'œuvre de Balzac permettent de faire le point sur un ensemble de thèmes; d'autres, consacrées à l'illustration contemporaine, témoignent de la modernité de *La Comédie humaine.* En constante progression, la Maison de Balzac est donc un organisme vivant, à l'image de *La Comédie humaine,* édifiée sur la petite table de Passy, «témoin», écrit Balzac à Mme Hanska, «de mes angoisses, de mes misères, de mes détresses, de mes joies, de tout».

Judith Meyer-Petit, Conservateur en chef de la Maison de Balzac

Où Balzac logea-t-il à Paris?

Né tourangeau, Balzac fut un vrai parisien. Il occupa onze logements dans la capitale, auxquels s'ajoutent les deux qu'il loua pour Mme Hanska. Il connut ainsi de part en part cet enfer urbain : « Là tout fume, tout brûle, tout brille, tout bouillonne, tout flambe, s'évapore, s'éteint, se rallume, étincelle, pétille et se consume. Jamais vie en aucun pays ne fut plus ardente, ni plus cuisante» (La Fille aux yeux d'or).

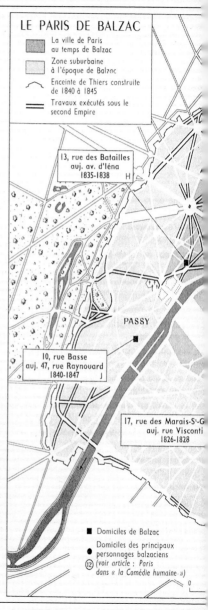

LE PARIS DE BALZAC

La ville de Paris au temps de Balzac

Zone suburbaine à l'époque de Balzac

Enceinte de Thiers construite de 1840 à 1845

Travaux exécutés sous le second Empire

13, rue des Batailles
auj. av. d'Iéna
1835-1838 H

PASSY

10, rue Basse
auj. 47, rue Raynouard
1840-1847 J

17, rue des Marais-S^t-G
auj. rue Visconti
1826-1828

■ Domiciles de Balzac

● Domiciles des principaux personnages balzaciens
⑫ (voir article : Paris dans « la Comédie humaine »)

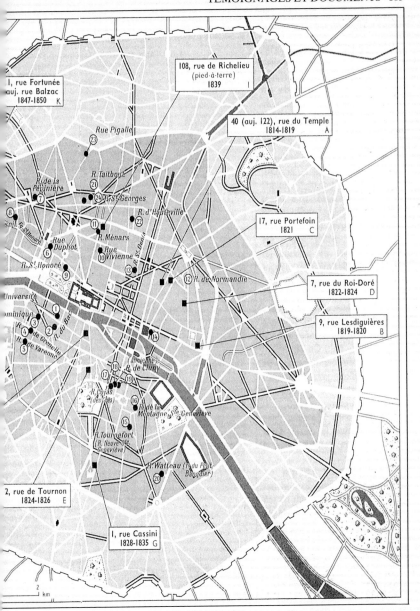

108, rue de Richelieu
(pied-à-terre)
1839   I

I, rue Fortunée
auj. rue Balzac
1847-1850   K

40 (auj. 122), rue du Temple
1814-1819   A

Rue Pigalle

R. de la
Pépinière

R. Taitbout

R. St-Georges

R. d'Hauteville

17, rue Portefoin
1821   C

Rue
Duphot

R. Ménars

Rue
Vivienne

R. St-Denis

R. de Normandie

7, rue du Roi-Doré
1822-1824   D

R. St-Honoré

9, rue Lesdiguières
1819-1820   B

Université

Dominique

R. du Bac

R. de Grenelle

R. de Varenne

(ancienne)
R. de Cluny

R. Pujas
(des Fêtes)

R. de la
Montagne-Ste-Geneviève

2, rue de Tournon
1824-1826   E

R. Tournefort
(R. Neuve-Ste-
Geneviève)

R. Watteau (r. du Petit-
Banquier)

I, rue Cassini
1828-1835   G

2 km

Géographie de «La Comédie humaine»

«J'ai tâché de donner une idée des différentes contrées de notre beau pays. Mon ouvrage a sa géographie comme il a sa généalogie et ses familles, ses lieux et ses choses, ses personnages et ses faits.» Dans L'Avant-propos *de* La Comédie humaine, *Balzac souligne la diversité de son espace romanesque. A ne s'en tenir qu'à la France, l'on voit comment se met en place ce couple de forces que sont Paris et la province, mondes étrangers et pourtant liés. La province balzacienne est avant tout celle des petites villes de l'Ouest et du Centre. Aucun roman ne se déroule au sud d'une ligne Bordeaux-Savoie.*

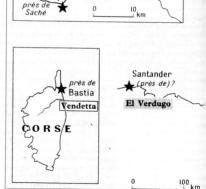

LE DOMAINE GÉOGRAPHIQUE DE « LA COMÉDIE HUMAINE

Béatrix
Guérande
Le Croisic
Drame au bord de la mer

St-Cyr-s/-Loire
Illustre Gaudissart
Grenadière
Vouvray
Tours
LOIRE
Curé de Tours
Lys -début
Lys dans la vallée
près de Saché
0   10 km

près de Bastia
Vendetta
CORSE
Santander (près de)?
El Verdugo
0   100 km

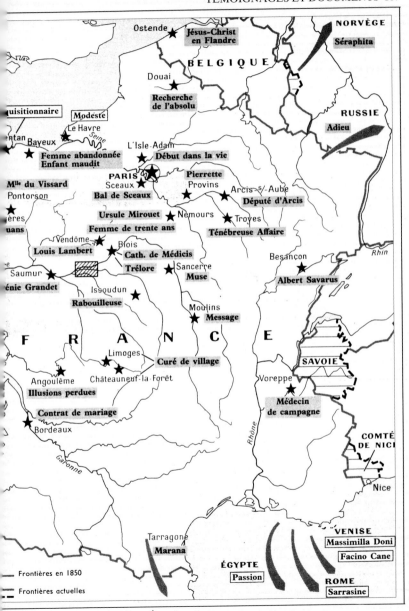

NORVÈGE

Séraphita

Ostende

Jésus-Christ
en Flandre

BELGIQUE

Douai

RUSSIE

Recherche
de l'absolu

Adieu

uisitionnaire   Modeste

Le Havre

ntan Bayeux

L'Isle-Adam

Début dans la vie

Femme abandonnée
Enfant maudit

PARIS

Pierrette

Mlle du Vissard

Sceaux

Provins

Arcis-s/-Aube

Pontorson

Bal de Sceaux

Député d'Arcis

ères

Ursule Mirouet

Nemours

Troyes

uans

Femme de trente ans

Ténébreuse Affaire

Vendôme

Louis Lambert

Blois

Besançon

Rhin

Cath. de Médicis

Saumur

Trélore

Sancerre

Albert Savarus

énie Grandet

Muse

Issoudun

Rabouilleuse

Moulins

Message

F   R   A   N   C   E

SAVOIE

Limoges

Curé de village

Angoulême

Châteauneuf-la-Forêt

Voreppe

Illusions perdues

Médecin
de campagne

Contrat de mariage

Rhône

COMTÉ
DE NICI

Bordeaux

Garonne

Nice

VENISE

Massimilla Doni

Tarragone

Facino Cane

Marana

ÉGYPTE

Passion

ROME

Sarrasine

— Frontières en 1850

-- Frontières actuelles

Itinéraires parisiens dans «La Comédie humaine»

Paris est «la ville aux cent mille romans». La société s'y concentre, permettant rencontres, carrières, destins. Lieu à conquérir, Paris est d'abord lieu à découvrir, à parcourir. Le jeune héros balzacien doit apprendre et comprendre : son ascension sociale s'accomplit à pied; ses itinéraires sont autant d'expériences formatrices, de parcours initiatiques. Eugène de Rastignac et Lucien de Rubempré, de tentateur en tentatrice, vont des mansardes aux luxueux hôtels du Faubourg, du sulfureux Palais-Royal à l'Opéra, des gargottes aux grands restaurants. Montée au paradis social ou descente aux enfers, bien des romans de Balzac sont des traversées de Paris.

Itinéraire de Rastignac dans «Le Père Goriot»

A partir de la misérable pension où il habite en plein quartier latin, rue Neuve-Sainte-Geneviève (aujourd'hui rue Tournefort), menant la vie normale d'un étudiant, allant à la faculté de Droit, et aux bals à la Cité ou à l'Odéon, le jeune Eugène de Rastignac se lance à la conquête du monde parisien. Parent d'une grande dame du faubourg Saint-Germain (aujourd'hui le VIIe arrondissement), il se rend à un bal chez sa cousine Mme de Beauséant, rue de Grenelle, où il retournera souvent. Mais, intrigué par l'histoire du père Goriot, il fait également la connaissance de ses deux filles. Anastasie de Restaud et Delphine de Nucingen habitent rue du Helder et rue Saint-Lazare, dans le quartier de la Chaussée d'Antin, royaume de la banque et des parvenus. Parmi les sorties effectuées en compagnie de Mme de Beauséant et de Delphine, il faut noter le Théâtre-Italien, salle Favart (aujourd'hui place Boieldieu) et un bal chez la duchesse de Carigliano, faubourg Saint-Germain. Le père Goriot trouve un appartement commode pour les amours d'Eugène et de Delphine, rue d'Artois (aujourd'hui rue Lafitte). Le dernier déplacement que fera Eugène au cours de cette éducation sentimentale et sociale sera de suivre le convoi funèbre du père Goriot jusqu'au cimetière du Père-Lachaise. De cette hauteur, il contemple Paris, où il deviendra une figure marquante. La ville lui appartiendra.

Itinéraire de Lucien de Rubempré dans «Illusions perdues»

Si Lucien est à l'origine un provincial comme Rastignac, il connaîtra l'échec à

Paris dans *Illusions perdues*, achevant son parcours parisien au Père-Lachaise, là même où Eugène avait pris la mesure de la capitale. Il faudra que Vautrin le prenne en charge pour qu'il reparte à la conquête de cet univers dans *Splendeurs et misères des courtisanes*. Mais là encore ce sera pour mourir.

Arrivé en compagnie de sa maîtresse, Mme de Bargeton, il s'installe d'abord rue de l'Echelle à l'hôtel du *Gaillard Bois*. Il se rend chez elle rue Neuve-du-Luxembourg (aujourd'hui rue Cambon), vagabonde sur les boulevards et rue de la Paix, dîne au *Rocher de Cancale*, rue Montorgueil, où il retournera quand il sera lancé dans le monde du journalisme, et va au Théâtre du Vaudeville, rue de Chartres-Saint-Honoré, située à l'emplacement de la place du Carrousel (aujourd'hui disparue). Promenades aux Tuileries, dîner chez Véry au Palais-Royal, où il achète des vêtements à la mode. Soirée à l'Opéra, situé alors rue Le Peletier. Pour se mettre au goût du jour, il va chez le tailleur Staub, rue de Richelieu, et se promène sur les Champs-Elysées.

Mais ces dépenses le contraignent à déménager. Il s'installe rue de Cluny (aujourd'hui rue Victor-Cousin), et prend ses repas chez Flicoteaux, place de la Sorbonne. Afin d'écrire son roman, il travaille à la bibliothèque de l'abbaye Sainte-Geneviève, rue Clotilde et place du Panthéon (aujourd'hui démolie). Tout en se rendant dans divers théâtres (dont la Comédie-Française), il vit pauvrement. Tentant de vendre son manuscrit, il va chez des libraires-commissionnaires et des éditeurs quai des Augustins (aujourd'hui des Grands-Augustins) et rue du Coq. Il se promène dans le jardin du Luxembourg, va chez son ami d'Arthez rue des Quatre-Vents, là où se réunit le Cénacle. Voulant faire

carrière dans le journalisme, il se rend rue Saint-Fiacre où siège le journal de Lousteau, qui habite rue de la Harpe. Celui-ci l'emmène chez l'éditeur Dauriat au Palais-Royal, et au Panorama-Dramatique, boulevard du Temple. Après le théâtre, ils vont souper chez l'actrice Florine, rue de Bondy (aujourd'hui rue René-Boulanger), et Lucien passe la nuit chez Coralie, rue de Vendôme (aujourd'hui rue Béranger). Sa nouvelle carrière lui fait fréquenter ou découvrir d'autres lieux et quartiers : la rue Mandar, le théâtre de l'Ambigu (alors boulevard du Temple), la rue du Faubourg-du-Temple, la rue Serpente, la rue du Mont-Blanc chez Félicité des Touches (aujourd'hui rue de la Chaussée-d'Antin). Mais il se rend aussi dans le faubourg Saint-Germain.

Les difficultés financières de Coralie, chez qui il s'est installé, la font déménager pour la rue de la Lune. Les malheurs de Lucien lui seront confirmés chez le ministre Des Lupeaulx, place Vendôme, où Michel Chrestien le provoque en duel. Après être allé chez Rastignac rue Taitbout, il se bat chemin de Clignancourt. Les obsèques de Coralie, qui joue pour la dernière fois au Gymnase (boulevard de Bonne-Nouvelle), ont lieu dans l'église Notre-Dame-de-Bonne-Nouvelle, et son enterrement au Père-Lachaise. Lucien quitte alors Paris.

ITINÉRAIRES PARISIENS DANS LA COMÉDIE HUMAINE

Rue St-Lazare — Itinéraire de Rastignac dans *Le Père Goriot*
Bd. du Temple — Itinéraire de Lucien de Rubempré dans *Illusions perdues*
Ville de Paris au temps de Balzac
Zone suburbaine

e St-Fiacre

Bd. de Bonne Nouvelle

Rue René Boulanger

Rue du Faubourg du Temple

Rue de la Lune

Montorgueil

Rue Béranger

Bd. du Temple

Hôtel de Ville

Notre-Dame

de la Harpe

ce du nthéon

ue Clotilde

Rue Tournefort

Seine

Père Lachaise

CHRONOLOGIE DE LA VIE DE BALZAC

1799 Naissance, le 20 mai, à Tours, d'Honoré, dans une famille bourgeoise, fils du «citoyen Bernard-François Balzac» et de la «citoyenne Anne-Charlotte-Laure Sallambier».

1807 Honoré entre au collège de Vendôme.

1814 Externe au collège de Tours. A l'automne, installation de la famille à Paris.

1816 Inscription à la faculté de droit.

1817-1819 Clerc de notaire, bachelier en droit.

1820 Balzac commence *Falthurne*, un roman historique à la Walter Scott, et *Sténie*, roman philosophique.

1822 Il rencontre Laure de Berny. Premières œuvres en collaboration et sous pseudonyme.

1824 *Annette et le criminel*, signé Horace de Saint-Aubin.

1825 Première *Physiologie du mariage*. Balzac se lance dans l'édition.

1826 Il devient imprimeur. Sans succès. Il achète une fonderie en 1827.

1829 *Le Dernier Chouan*, premier roman signé Balzac et *Physiologie du mariage*.

1830 Balzac est enfin lancé, écrit dans journaux et revues, rédige ses premiers contes et publie plusieurs *Scènes de la vie privée*.

1831 *La Peau de chagrin*. Vie mondaine et travail acharné. Le cycle infernal de la dette commence. Il ne s'arrêtera plus.

1832 Balzac entre en relation épistolaire avec Mme Hanska, effectue des séjours à Saché, à Angoulême, connaît un relatif échec amoureux avec la marquise de Castries, adhère au parti légitimiste et publie des essais politiques.

1833 *Le Médecin de campagne, Eugénie Grandet...* Signature d'un contrat pour les *Études de mœurs au XIXe siècle*

(12 volumes de 1833 à 1837). Rencontre avec Mme Hanska.

1834 *La Recherche de l'Absolu, La Duchesse de Langeais*, début de la parution du *Père Goriot*, qui invente le retour des personnages.

1835 Séjour chez Mme de Berny à Vienne, avec Mme Hanska. Il devient propriétaire de la *Chronique de Paris*. *Melmoth réconcilié, La Fleur des pois, Séraphîta, Le Lys dans la vallée*.

1836 Liquidation de la *Chronique de Paris*, mort de Mme de Berny. *La Vieille fille, Facino Cane*.

1837 Voyage en Italie. 1re partie d'*Illusions perdues, César Birotteau, Les Employés*.

1838 Séjour à Nohant chez George Sand, installation aux Jardies à Sèvres, début de *Splendeurs et misères des courtisanes, La Maison Nucingen*.

1839 *Le Curé de village, Le Cabinet des antiques, Une fille d'Eve*, seconde partie d'*Illusions perdues, Béatrix*. Candidature malheureuse à l'Académie française.

1840 Saisie des Jardies. Il s'installe à Passy dans l'actuelle "Maison de Balzac". Nombreuses publications, dont *Pierrette*.

1841 Signature d'un contrat pour la publication de *La Comédie humaine*. *Une ténébreuse affaire, Ursule Mirouët, Mémoires de deux jeunes mariées*.

1842 *Albert Savarus, La Rabouilleuse, Un début dans la vie*.

1843 Séjour à Saint-Pétersbourg auprès de Mme Hanska, devenue veuve. *La Muse du département, Illusions perdues, Honorine*, 2e partie de *Splendeurs et misères*.

1844 *Modeste Mignon*, début des *Paysans*.

1845 Séjour à Dresde avec Mme Hanska

et ses enfants. Installation de Mᵐᵉ Hanska et de sa fille à Passy. Seconde candidature infructueuse à l'Académie.

1846 *La Cousine Bette*, début du *Cousin Pons*. Mᵐᵉ Hanska donne naissance à un enfant mort-né.

1847 Installation rue Fortunée. *Le Cousin*

Pons, dernier épisode de *Splendeurs et Misères*. Séjour en Ukraine.

1848 Séjour à Saché, puis en Ukraine.

1849 Nouveaux échecs à l'Académie. Voyage à Kiev. Troubles cardiaques.

1850 Mariage avec Mᵐᵉ Hanska en mars, retour à Paris en mai, décès en août.

CHRONOLOGIE DE LA PUBLICATION DE *LA COMÉDIE HUMAINE*

Quelques titres dont la publication s'est étalée sur plusieurs années, comme *Autre Étude de femme*, les divers *Traités* inclus dans les *Études analytiques*, ne figurent pas dans la chronologie complexe, non plus que les successives éditions des *Scènes de la vie privée*, *Études de mœurs* et autres regroupements éditoriaux établis par Balzac à l'occasion des contrats passés avec ses éditeurs.

1829 **avril** : *Le Dernier Chouan ou la Bretagne en 1800.*
décembre : *Physiologie du mariage.*

1830 **janvier** : *El Verdugo; Un épisode sous la terreur.*
mars : *Etude de femme.*
avril : *Scènes de la vie privée* (six nouvelles dont *Le Bal de Sceaux*, *Une double famille*, *Gobseck*, *La Maison du Chat-qui-pelote*, *La Paix du ménage*, *La Vendetta*).
mai : 1ʳᵉ partie de ce qui deviendra *Sur Catherine de Médicis.*
mai-juin : *Adieu.*
octobre : *L'Elixir de longue vie.*
novembre : *Sarrasine.*
décembre : *Une passion dans le désert.*

1831 **février** : *Le Réquisitionnaire.*
juillet-août : *Le Chef-d'œuvre inconnu.*
août : *La Peau de chagrin; L'Auberge rouge.*
septembre : *Romans et contes philosophiques* (dont *La Comédie du diable*, qui ne figure pas dans *La Comédie humaine*); 1ʳᵉ partie de ce qui deviendra *La Femme de trente ans* (voir 1842).
décembre : *Maître Cornélius.*

1832 **février** : *Madame Firmiani.*
mai : *La Bourse.*

septembre : *La Femme abandonnée.*
octobre : *La Grenadière.*
décembre-janvier 1833 : *Les Marana*, premier récit du *Curé de Tours* (titre donné en 1839).

1833 **janvier** : *Histoire intellectuelle de Louis Lambert*; 1ʳᵉ partie de *L'Enfant maudit* (complété en octobre 1836).
mars-avril : *Ferragus.*
septembre : *Le Médecin de campagne.*
novembre : 1ʳᵉ partie du *Cabinet des antiques.*
décembre : *Eugénie Grandet; L'Illustre Gaudissart.*

1834 **mars** : *Aventures administratives d'une idée heureuse; La Duchesse de Langeais* (commencée en avril 1833; titre de 1839).
avril : 1ʳᵉ partie de *La Fille aux yeux d'or*, complété en mai 1835;
La Recherche de l'absolu; Les Chouans ou la Bretagne en 1799 (version définitive).
décembre : *Le Père Goriot* (jusqu'en février 1835).

1835 **janvier** : *Un drame au bord de la mer.*
mai : *Le Colonel Chabert* (1ᵉʳᵉ version parue en 1832 et titre définitif donné en 1844).
juin : *Melmoth réconcilié.*
novembre : *Le Contrat de mariage* (titre donné en 1842 à *La Fleur des pois*).
décembre : *Le Livre mystique* (*Séraphîta; Louis Lambert; Les Proscrits*).

1836 **janvier** : *La Messe de l'athée.*
janvier-février : *L'Interdiction.*
mars : *Facino Cane.*

juin : *Le Lys dans la vallée* (publication commencée fin 1835); début des *Martyrs ignorés*, continué en juillet 1837.
octobre-novembre : *La Vieille fille* paraît en feuilleton dans *La Presse*.

1837 février : 1re partie d'*Illusions perdues*.
juillet : *La Femme supérieure* (*Les Employés*), complété en octobre 1838.
juillet-août : *Gambara*.
décembre : *César Birotteau*.

1838 septembre : *La Maison Nucingen*.
septembre-octobre : 2e partie du *Cabinet des antiques*.

1839 janvier : *Une Fille d'Eve*.
mars : *Le Cabinet des Antiques* (parution en volume).
avril-mai : 1re et 2e parties de *Béatrix*.
juin : 2e partie d'*Illusions perdues*
août : *Le Curé de village* (publication commencée en janvier); *Massimila Doni*; *Les Secrets de la princesse de Cadignan*.

1840 janvier : *Pierrette*.
juillet : *Z. Marcas*.
août : *Un prince de la bohème*; *Pierre Grassou*.

1841 janvier : *Une ténébreuse affaire*.
février-mars : *La Rabouilleuse*, complété en octobre-novembre 1842.
septembre : *Ursule Mirouët*.
novembre : *Mémoires de deux jeunes mariées* (jusqu'à janvier 1842); *La Fausse maîtresse*.

1842 mai : *Albert Savarus*.
juillet : *Avant-Propos de La Comédie humaine*.
juillet-septembre : *Un début dans la vie*

(titre de 1844).
septembre 1843 : début de la publication de l'*Envers de l'histoire contemporaine* (complété en 1844 et 1848); titre définitif de La *Femme de trente ans*, publiée de septembre 1831 à août 1834.

1843 janvier : *Sur Catherine de Médicis*.
mars : *Honorine*.
mars-avril : *La Muse du département*.
mai-juillet : 1re et 2e parties de *Splendeurs et Misères des courtisanes* (première mouture en 1838).
août : 3e partie d'*Illusions perdues*.

1844 octobre : *Gaudissart II.*
novembre : *Modeste Mignon*; fin de la 2e partie de *Splendeurs...*
décembre : 1re partie des *Paysans*.
décembre-janvier 1845 : 3e partie de *Béatrix.*

1845 septembre : *Un homme d'affaires*; début de la publication des *Petites Misères de la vie conjugale.*

1846 avril : *Les Comédiens sans le savoir.*
juillet : 3e partie de *Splendeurs...*
octobre-décembre : *La Cousine Bette*; *Jésus-Christ en Flandre* (fusionne textes parus entre octobre 1830 et décembre 1831).

1847 mars-mai : *Le Cousin Pons.*
avril-mai : 4e partie de *Splendeurs...*; 1re partie du *Député d'Arcis.*

1854 Publication posthume du *Député d'Arcis* et des *Petits Bourgeois* terminés par Charles Rabou.

1855 Publication posthume des *Paysans.*

CHRONOLOGIE INTERNE DE *LA COMEDIE HUMAINE*

Les dates indiquées sont celles où commence l'intrigue. Romans et études philosophiques ne sont pas distingués.

Romans et études philosophiques du passé
1308 *Les Proscrits*
1479 *Maître Cornélius*
XVIe siècle *L'Elixir de longue vie*
1560 *Sur Catherine de Médicis*

1612 *Le Chef-d'œuvre inconnu*
1617 *L'Enfant maudit*

La Révolution française et l'Empire
1793 *Le Réquisitionnaire*
1794 *Un épisode sous la terreur*
1796 *Une passion dans le désert*
1799 *Les Chouans*
     L'Auberge rouge

1800	*Séraphîta*		*Madame Firmiani*
	La Vendetta	**1826**	*La Maison Nucingen*
1803	*Une ténébreuse affaire*		*Les Marana*
1809	*El Verdugo*		*Le Curé de Tours*
1811	*Louis Lambert*	**1827**	*Pierrette*
1812	*La Paix du ménage*		*Honorine*
	La Maison du Chat-qui-pelote		*La Femme de trente ans*
		1828	*L'Interdiction*
La Restauration			*Etude de femme*
Louis XVIII		**1829**	*Gobseck*
1814	*Le Lys dans la vallée*		*Le Médecin de campagne*
1815	*Une double famille*		*Modeste Mignon*
1816	*La Fille aux yeux d'or*		*Le Curé de village* (1829-1833)
1818	*La Vieille fille*		
	Le Colonel Chabert	**La monarchie de Juillet**	
	César Birotteau	**1830**	*La Peau de chagrin*
1819	*Adieu*	**1831**	*Gambara*
	Ferragus		*L'Illustre Gaudissart*
	La Duchesse de Langeais	**1832**	*Autre Etude de femme*
	Le Bal de Sceaux		*Pierre Grassou*
	La Bourse		*La Recherche de l'absolu*
	Facino Cane		*Sarrasine*
	La Grenadière	**1833**	*Un homme d'affaires*
	Le Père Goriot		*Les Secrets de la princesse de Cadignan*
	Eugénie Grandet (1819-1833)	**1834**	*Ursule Mirouët*
1820	*Massimila Doni*	**1835**	*Albert Savarus*
1821	*La Messe de l'athée*	**1836**	*Une fille d'Eve*
	Illusions perdues		*Z. Marcas*
1822	*Le Cabinet des antiques*		*L'Envers de l'histoire contemporaine*
	La Rabouilleuse		(1836-1838)
	Un début dans la vie		*La Muse du département*
	La Femme abandonnée	**1837**	*Béatrix*
	Melmoth réconcilié		*Un prince de la bohème*
	Le Contrat de mariage	**1838**	*La Cousine Bette* (1838-1846)
1823	*Les Paysans*		*La Fausse Maîtresse*
	Splendeurs et misères des courtisanes	**1839**	*Le député d'Arcis*
	(1823-1830)		*Les Petits Bourgeois*
Charles X		**1844**	*Gaudissart II*
1824	*Les Employés*		*Le Cousin Pons*
1825	*Mémoires de deux jeunes mariées*	**1845**	*Les Comédiens sans le savoir*

CATALOGUE ÉTABLI PAR BALZAC POUR *LA COMÉDIE HUMAINE*

Cet ordre fut adopté en 1845 par Balzac pour une édition complète en 26 tomes. Les ouvrages qui ne sont pas en italique sont ceux qui restent à faire.

ÉTUDES DE MŒURS

Scènes de la vie privée
1 Les Enfants
2 Un pensionnat de demoiselles
3 Intérieur de collège
4 *La Maison du Chat-qui-pelote*
5 *Le Bal de Sceaux*

6 *Mémoires de deux jeunes mariées*
7 *La Bourse*
8 *Modeste Mignon*
9 *Un début dans la vie*
10 *Albert Savarus*
11 *La Vendetta*
12 *Une double famille*
13 *La Paix du ménage*
14 *Madame Firmiani*
15 *Etude de femme*
16 *La Fausse Maîtresse*
17 *Une fille d'Eve*

BIBLIOGRAPHIE

Les œuvres
– Toutes les collections de poche proposent des éditions préfacées, commentées, souvent augmentées de dossiers.
– La meilleure édition de *La Comédie humaine* est celle de La Pléiade, sous la direction de P-G. Castex, 12 volumes, Gallimard, Paris, 1976. La Pléiade a également commencé l'édition des *Œuvres diverses.*
– *Lettres à Madame Hanska*, édition de référence R. Pierrot, 2 volumes, collection «Bouquins», Robert Laffont, Paris, 1990.

Sur la vie
– M. Bardèche, *Balzac,* coll. «Les Vivants», Julliard, Paris, 1980. Concerne la vie et l'œuvre.

Sur l'œuvre
– Pour entrer en Balzacie, la meilleure introduction aujourd'hui disponible, à la fois richement nourrie, synthétique et agréable, est due à Annette Rosa et Isabelle Tournier : *Balzac*, coll. «Thèmes et œuvres», Armand Colin, Paris, 1992.

– Pierre Barbéris, *Balzac, une mythologie réaliste*, coll. «Thèmes et textes», Larousse, Paris, 1971; *Le Monde de Balzac*, Arthaud, Paris, 1971.
– Pierre Citron, *Dans Balzac*, Le Seuil, Paris, 1986.
– Bernard Guyon, *La Pensée politique et sociale de Balzac*, Armand Colin, Paris, 1947; rééd. en 1968.
– Félicien Marceau, *Balzac et son monde*, Gallimard, Paris, 1955 et 1970; *Les Personnages de La Comédie humaine*, Gallimard, Paris, 1977.
– Per Nykrog, *La Pensée de Balzac*, Munskgaard, Copenhague, 1966.
– Jean Paris, *Balzac, une vie, une œuvre, une époque*, coll. «Phares», Balland, Paris, 1986.
– Gaëton Picon, *Balzac par lui-même*, coll. «Ecrivains de toujours», Le Seuil, Paris, 1956.
–P ierre-Louis Rey, *La Comédie humaine*, coll. «Profil de l'œuvre», Hatier, Paris, 1979.
- Stéphane Vachon, *Les Travaux et les jours d'Honoré de Balzac*, Presses Universitaires de Vincennes / Presses du CNRS / Presses de l'Université de Montréal, 1992. Un répertoire au jour le jour de toutes les publications de Balzac
– *L'Année balzacienne*, revue annuelle, PUF.

FILMOGRAPHIE

Cette filmographie a été établie d'après *Balzac cinéaste,* d'A.- M. Baron, Ed. Méridiens Klincksieck, Paris, 1990, et d'autres sources ponctuelles. Elle comprend les adaptations télévisées (TV) et cinématographiques, avec titre original s'il y a lieu, nom du réalisateur et de quelques acteurs, pays d'origine et date.

Adieu
– de Pierre Badel, avec Jean-Claude Drouot, Ludmilla Mikaël. France, 1982 (TV).

L'Auberge rouge
– de Jean Epstein. France, 1923.

Autre Etude de femme
– *La Grande Bretèche*, d'André Calmettes. France, avant 1914.
– *Un seul amour* (d'après *La Grande Bretèche*), de Pierre Blanchar, avec Micheline Presles, Pierre Blanchar, Julien Bertheau. France, 1943.
– *La Grande Bretèche*, de Claude Barma, avec Françoise Christophe, Jean-Marc Bory, Mireille Darc. France, 1960 (TV).

Béatrix
– *Béatrice*, de Xamilio de Riso. Italie, 1919.
– *Béatrice*, de Herbert Brenon. Italie, 1920.
– *Béatrix*, de Alain Boudet, adaptation J.-Cl. Brisville, avec Loleh Bellon, Danielle Lebrun, Serge Ducher, Renaud Mary. France, 1967 (TV).

César Birotteau
– d'Emile Chautard. France, (1911?).
– d'Arnaldo Fratelli. Italie, 1921.
– de René Lucot, adaptation Jacques Rémy, avec Martin Trévières, Anouk Ferjac. France, 1977 (TV).

Le Chef-d'œuvre inconnu
– *La Belle Noiseuse*, de Jacques Rivette, avec Emmanuelle Béart, Michel Piccoli. France, 1991.

Les Chouans
– de Henri Calef, avec Jean Marais, Madeleine Lebeau, Madeleine Robinson, Marcel Herrand, Pierre Dux. France, 1946.

Le Colonel Chabert
– d'André Calmettes et Henri Pouctal. France, 1911.
– de Carmine Gallone. Italie, 1922.

– *Mensch Ohne Nahmen* (*L'Homme sans nom*), de Gustav Ucicky, avec Paul Wegener. Allemagne, 1932.
– de René Le Hénaff, adaptation Pierre Benoît, avec Raimu, Marie Bell, Aimé Clariond. France, 1943.

Le Cousin Pons
– de Jacques Robert, France, 1924.
– de Guy Jorré, adaptation Jean-Louis Bory, avec Henri Virlojeux, Charles Vanel. France, 1977 (TV).

La Cousine Bette
– de Max de Rieux, avec Alice Tissot. France, 1928.
– d'Yves-André Hubert, adaptation Jean-Louis Bory, avec Alice Sapritch, Claudine Coster, Jacques Castelot, Jacques Monod, Danielle Lebrun. France, 1964 (TV).

Le Curé de Tours
– de Gabriel Axel, adaptation Pierre Moustiers, avec Jean Carmet, Michel Bouquet, Micheline Boudet, Suzanne Flon. France, 1980 (TV).

Le Curé de village
– de Jean-Louis Bory, avec Alice Sapritch, Raoul Guillet. France, 1970 (TV).

La Duchesse de Langeais
– *The Eternal Flame*, de Franck Lloyd. USA, 1922.
– *Histoire des Treize (Liebe)*, de Paul Czinner. Allemagne, 1926.
– de Jacques de Baroncelli, adaptation de Jean Giraudoux, avec Edwige Feuillère, Pierre-Richard Wilm. France, 1942.
– de Jean-Paul Roux, avec Caroline Beaum, Patrick Laplace. France, 1983 (TV).

Eugénie Grandet
– d'Armand Numes. France, (1910?).
– *The Conquering Power,* de Rex Ingram, avec Rudolph Valentino. USA, 1921.
– *Eugenia Grandet*, de Mario Soldati, avec Alida Valli. Italie, 1946.
– de Jean Cazenave. France, 1956 (TV).
– d'Alain Boudet, avec René Dary, Bérangère Dautun, Germaine Delbat. France, 1968 (TV).
* La télévision soviétique a également adapté *Eugénie Grandet* en 1960.

La Fausse maîtresse
– d'André Cayatte, avec Danièle Darrieux. France, 1942.
– *La Maîtresse masquée*, d'Ottakar Vavra. Tchécoslovaquie, 1940.

La Femme abandonnée
– d'Edouard Molinaro, adaptation de Madeleine Chapsal, avec Charlotte Rampling, Béatrice Agenin, Niels Arestrup. France, 1992 (TV).

La Femme de trente ans
– d'Alexandre Devarennes. Italie, 1919.
– *If Women only knew*, d'Edward H. Griffith. USA, 1921.

Ferragus
– d'André Calmettes. France, avant 1914.
– *Histoire des Treize*. Italie, 1919.
– de Gaston Ravel et Tony Lekain. France, 1923.

La Fille aux yeux d'or
– de Gabriel Albicocco, avec Françoise Prévost, Marie Laforêt, Françoise Dorléac. France, 1961.

Une Fille d'Eve
– d'Alexandre Astruc, avec Mathieu Carrière, Geneviève Casile, Corinne Le Poulain. France, 1988 (TV).

Illusions perdues
– de Maurice Cazeneuve, avec Yves Rénier, François Chaumette, Louis Arbessier. France, 1966 (TV).
– *Elveszett Illusiok*, de Guyla Gazdag. Hongrie, 1983 (transposition dans la Budapest de 1968).

Le Lys dans la vallée
– de Marcel Cravenne, adaptation Armand Lanoux, avec Delphine Seyrig, Richard Leduc, Georges Marchal. France, 1970 (TV).
– de Fabrice Mazé, adaptation Félicien Marceau, avec Ludmilla Mikaël, Louis Velle. France, 1975 (TV).

Melmoth réconcilié
– de Georges Lacombe, adaptation Pierre Latour, avec Robert Porte, François Maistre. France, 1964 (TV).

La Peau de chagrin
– d'Albert Capellani. France, 1909.
– *Das Spiel vom Tode*, d'Alwin Neub. Allemagne, 1917.
– *Desire, the Magic Skin*, de George Edward

Hall. Grande-Bretagne, 1920.
– *Narayana*, de Léon Poirier. France, 1920.
– *Slave of Desire*, de Jack Warren. USA, 1926.
– *Die Unheilmlichen Wünsche*, de Heinz Hilpert. Allemagne, 1939.
– de Luis Baron Herrera. Argentine, 1943.
– *Segrenska Kosa*, d'Ivo Urbanic et Vlado Kristl. Yougoslavie, 1960 (dessin animé).
– de Michel Favart, adaptation Armand Lanoux, avec Anne Coudry, Richard Fontana, Alain Cuny. France, 1980 (TV).

Le Père Goriot
– de Travers Vale. USA, 1915.
– de Mario Corsi. Italie. 1919.
– de Jacques de Baroncelli, avec Gabriel Signoret. France, 1921.
– *Paris at Midnight*, de M. Hopper. USA, 1926.
– de Robert Vernay, avec Pierre Larquey. France, 1944.
– *Karriere in Paris*, de Georg C. Klaren et Hans-Georg Rudolph. RDA, 1951.
– de Guy Jorré, adaptation Jean-Louis Bory, avec Charles Vanel, Bruno Garcin. France, 1972 (TV).

Pierrette
– de Guy Jorré, adaptation Paul Savatier, avec Valérie Samana, Etienne Bierry, Maria Mériko. France, 1980 (TV).

La Rabouilleuse
– de Fernand Rivers, avec Suzy Prim, Fernand Gravey, Pierre Larquey. France, 1943.
– *Les Arrivistes*, de Louis Daquin, avec Madeleine Robinson, Jean-Claude Pascal, Gerhard Bienen. France, 1959.

Les Secrets de la princesse de Cadignan
– *Le Secret...*, de Jean-Paul Carrère, avec Gisèle Pascal, Renaud Mary. France, 1960 (TV).
– *Les Secrets...*, de Jacques Deray, adaptation Jean-Claude Carrière, avec Claudine Auger, Marina Vlady, Niels Arestrup. France, 1982 (TV).

Splendeurs et misères des courtisanes
– *Morel, der Meister der Kette,* de Louis Ralph. Allemagne, 1920.
– *Glanz und Elend der Kurtisaner*, de Manfred Noa. Allemagne, 1927.
– de Maurice Cazeneuve, avec Georges Géret, Corinne Le Poulain, Bruno Garcin. France, 1976 (TV).
Voir *Vautrin*.

Une Ténébreuse affaire
– d'Alain Boudet, adaptation Jean-Louis Roncoroni, avec Robert Bazile, Nita Klein, Germaine Delvaut. France, 1975 (TV).

Ursule Mirouët
– de Marcel Cravenne, adaptation Robert Scipion, avec Alain Consigny, Armand Meffre, Fernand Ledoux. France, 1982 (TV).

Vautrin
– de Charles Krauss. France, (1914?).
– *La Dernière Incarnation de Vautrin*, d'Alexandre Devarennes. Italie, 1919.

– *Der Galeerensträfling (Le Galérien)*, de Rochus Gliese, avec Paul Wegener. Allemagne, 1919.
– *Le Galérien*, de Paul Wegener. Allemagne, 1926.
– de Pierre Billon, adaptation Pierre Benoît, avec Michel Simon, Georges Marchal, Madeleine Sologne. France, 1943.
– *Vautrin, Der Bagnosträfling*, de Gustav Froelich. Allemagne, 1949.
– de Jean Vertex, adaptation André Leroux, avec Alexandre Rignault, Georges Descrières. France, 1957 (TV).

TABLE DES ILLUSTRATIONS

Saché.

53h Anonyme, *Laure de Berny*, peinture. Maison de Balzac, Paris.

53b E. Delacroix, *La Femme au perroquet*. Musée des Beaux-Arts, Lyon.

54 Anonyme, *Maria du Fresnay enfant*, photographie. Maison de Balzac, Paris.

55hg Sowgen, *Eva Hanska*, peinture. Maison de Balzac, Paris.

55hd Annonce parue dans *La Quotidienne*, Maison de Balzac, Paris.

55m Lettre de Madame Hanska à Balzac, 1832. Coll. Lovenjoul, Institut de France, Paris.

55b Girouard-Lucquin, *Marie du Fresnay*, pastel. Maison de Balzac, Paris.

56 Kriehuber, *Le Comte Hanski*, dessin. Maison de Balzac, Paris.

56/57 C. Corot, *Le Quai des Pâquis à Genève*, peinture, 1841. Musée d'Art et d'Histoire, Genève.

57 Goyet, *Louise-Marie-Julienne Béchet*, peinture. Maison de Balzac, Paris.

58 Anonyme, Évocation du *Lys dans la vallée*, dessin. Maison de Balzac, Paris.

59md Manuscrit de la page titre du *Père Goriot*. Coll. Lovenjoul, Institut de France, Paris.

59mg *Le Père Goriot*, gravure, édition Furne.

60h Certificat d'écrou de Balzac, 1836. Coll. Lovenjoul, Institut de France, Paris.

60b A. F., *Lionel-Richard Lowell Guidoboni-Visconti*, dessin, 1852. Lycée Hoche, Versailles.

61 Passeport de Balzac délivré le 24 avril 1837 par le consul de France à Milan. Maison de Balzac, Paris.

62h M. Sand, *Le Jeu des bonshommes, Balzac et George Sand comme spectateurs*, gravure, 1837. Coll. part.

62m César Birotteau, gravure, édition Furne.

63 Granville, *Balzac et Théophile Gautier en visite chez Frédéric Lemaître*, aquarelle, 1840. Coll. part.

64 Acte de vente des Jardies. Maison de Balzac, Paris.

65 P. Chardin, *Souvenirs de Balzac à Ville d'Avray*, aquarelle, 1840. Coll. Lovenjoul, Institut de France, Paris.

65b Petitjean, *Les Jardies*, peinture. Maison de Balzac, Paris.

66 Balzac, *Gavarni faisant la nique au bourreau*, dessin, 1838. Coll. part.

66/67 Granville, *Grande Course au clocher académique*, gravure. Maison de Balzac, Paris.

67 *Code littéraire* proposé par Balzac, 1940. Coll. Lovenjoul, Institut de France, Paris.

68h *Gloire à Napoléon*,

image d'Épinal. Musée Carnavalet, Paris.

68b O. J. Södermark, *Henri Beyle, dit Stendhal*, peinture, 1840. Musée de Versailles.

69 Portrait de Balzac d'après le daguérréotype original. Maison de Balzac, Paris.

CHAPITRE III

70 Daffinger, *Madame Hanska*, miniature, 1835. Coll. part.

71 Nécessaire à écrire offert par Balzac à Mme Hanska. Maison de Balzac, Paris.

72 Affiche de librairie pour *La Comédie humaine*. Maison de Balzac, Paris.

73h Bénard, *Sortie du débiteur de Sainte-Pélagie*, lithographie. Musée de la Préfecture de police, Paris.

73b Gavarni, *Clichy*, gravure. Maison de Balzac, Paris.

74h Publicité pour le café, milieu XIXᵉ siècle. Bibl. nat., Paris.

74b Cafetière de Balzac. Maison de Balzac, Paris.

75h Moulage de la main de Balzac. *Idem.*

75m Encrier de Balzac. *Idem.*

75b Table de travail de Balzac. *Idem.*

76 I. Dagnan, *Le Boulevard Poissonnière*, huile sur toile, 1834. Musée Carnavalet, Paris.

77 *La Femme Supérieure*, épreuve corrigée. Bibl. nat., Paris.

78 Page de titre de

César Birotteau. Bibl. nat., Paris.

79 Page de comptes de Balzac. Coll. Lovenjoul, Institut de France, Paris.

80 *Illusions perdues*, page titre manuscrite. Coll. Lovenjoul, Institut de France, Paris.

81 *Illusions perdues*, épreuve corrigée. Maison de Balzac, Paris.

82/83h H. Montaut, *Un punch d'artiste*, lithographie. Musée Carnavalet, Paris.

82/83b *Séraphîta*, première page manuscrite. Coll. Lovenjoul, Institut de France, Paris.

83 Th. Gautier, *Balzac et Musset*, gravure. Maison de Balzac, Paris.

84g Adresse de lettre à Mme Hanska. Coll. Lovenjoul, Institut de France, Paris.

84d Gigoux, *Madame Hanska*, gravure. Maison de Balzac, Paris.

85h Salathé, *Vue de l'Odéon*, lithographie. Bibliothèque de l'Opéra Garnier.

85b *Les Ressources de Quinola*, billet d'invitation signé de Balzac. Coll. part.

86 Lettre de Jules Hetzel à Balzac. Coll. Lovenjoul, Institut de France, Paris.

87h Colmann, *Le Salon bleu de Madame Hanska à Saint-Pétersbourg*. Coll. Lovenjoul, Institut de France, Paris.

87b Gaubert, coin de la

Idem.
131 Affiche de librairie pour *La Peau de chagrin. Idem.*
142 Page de titre du *Père Goriot*, éd. René Kieffer, 1922. *Idem.*
151 Marcelin, *Les Romans populaires illustrés*, gravure. *Idem.*
166 Annonce publicitaire pour *Argow le pirate. Idem.*
174/175 Le Palais d'hiver et l'Ermitage à Saint-Pétersbourg,

gravure sur acier in *Guide du voyageur à Saint-Pétresbourg.* Bellizard, Dufour et Cie, Paris; Saint-Pétersbourg, 1840.
177 Titre russe de *La Vendetta* paruc dans *Le Télescope*, Moscou, 1831.
178 Page de titre du *Télescope, idem.*
181 P. Frémiot, Vue de Wisnowiec, gouache, 1835. Maison de Balzac, Paris.

182 Bertall, Balzac en 1847, gravure. *Idem.*
183 E. Atget, la Maison de Balzac à Passy, photographie. Musée Carnavalet, Paris.
184 Publicité littéraire au temps de Balzac. Maison de Balzac, Paris.
184/185 Carte extraite du *Dictionnaire de Balzac* de Félix Longaud, Larousse, Paris, 1969.
186/187 Carte extraite

du *Dictionnaire de Balzac* de Félix Longaud, *idem.*
189 Page de titre du *Père Goriot*, édition Maresq. Maison de Balzac, Paris.
190/191 Itinéraires parisiens dans *La Comédie humaine.* Carte réalisée par Patrick Mérienne.
130 à 173 Lettrines extraites de *La Lettre et l'image*, Massin, Gallimard, Paris, 1973.

INDEX

CRÉDITS PHOTOGRAPHIQUES

Archives Nationales, Paris 30h. Artephot, Paris 27, 56/57, 128. Bilbiothèque des Arts Décoratifs, Paris 24b, 119. Bibliothèque Municipale, Châteauroux 90gd. Bibliothèque Nationale, Paris 1, 23h, 33bg, 37, 51, 74h, 78, 85h, 112/113. Bulloz, Paris 33h, 33bd, 63, 123b. Jean-Loup Charmet, Paris 8/9, 22, 31hg, 31hd, 68h, 80, 84g, 93h, 106b 117, 118. Château de Saché 16 hd, 48, 52m, 104, 105m. Droits réservés 1er plat, 3, 4, 7, 8, 26h, 30b, 32, 33md, 34b, 50b, 59mg, 62m, 70, 87b, 99, 108b, 113, 115, 174/175, 177, 178. Drout documentation, Paris 92b. Edimedia, Paris 15, 107, 116, 124. Editions Larousse, Paris 184/185, 186/187. Editions Gallimard, Paris, 23b. Giraudon, Paris 12, 18, 20/21b, 42hg, 47, 82/83h, 88h, 120. Gisèle Namur Lalance, Paris 2/3, 4/5, 6/7, 19, 46b, 49, 49m, 59md, 61, 62h, 77, 79, 82/83, 85b. Institut de France, coll. Lovenjoul, Paris, cl. : Maison de Balzac 26b; cl. : Patrick Horvais 11, 14 hd, 16hm, 21, 28hg, 35h, 35b, 52h, 55m, 60h, 65, 67, 86, 87, 100, 101, 122. H. Josse, Paris, 98. Lycée Hoche, Versailles 60b. Maison de Balzac, Paris 24h, 28mg, 33mg, 34h, 55hd. Musée des Beaux-Arts, Lyon 53b. Musée des Beaux-Arts, Tours 14/15, 40. © ADAGP Paris 1992, cl. Bruno Jarret 125. Photothèque des Musées de la ville de Paris / © Spadem 13, 14hg, 14mg, 16hg, 17h, 20/21h, 25h, 25m, 28d, 29, 36g, 38hg, 39b, 41, 42bg, 43g, 43d, 44, 45hg, 45b, 46h, 48/49, 50h, 53h, 54, 55hg, 55b, 56, 57, 58, 64, 65b, 66/67, 69, 71, 72, 73b, 74b, 75h, 75m, 75b, 76, 81, 83, 84d, 88b, 89h, 89m, 91, 92h, 94, 95, 96, 97, 100/101, 103h, 103b, 105d, 106h, 108/109, 109b, 110/111, 112b, 114h, 114/115, 122b, 126, 127h, 127b, 129, 130, 131, 139, 144, 163, 181, 182, 183, 184, 189. © Réunion des Musées Nationaux, Paris 68b, 123. Roger-Viollet, Paris 17b, 36d, 38hd, 39h, 93b, 102, 121.

REMERCIEMENTS

Les Éditions Gallimard remercient les personnes suivantes pour leur aide précieuse : Judith Meyer-Petit, Anne Klimov et Anne Panchout de la Maison de Balzac; Jacqueline Riom et Violette Andrès de la Photothèque de la ville de Paris; Paul Métadier du château de Saché; Françoise Dumas de la Bibliothèque de l'Institut de France; Madame Boulez de la Bibliothèque de l'École normale supérieure; les Éditions Larousse et le photographe Patrick Horvais.
Patrick Mérienne a réalisé la carte page 190/191.

Table des matières